Território, cultura e representação

Território, cultura e representação

Emílio Sarde Neto

Lawrence Mayer Malanski

2ª edição

Rua Clara Vendramin, 58 . Mossunguê . CEP 81200-170 . Curitiba . PR . Brasil
Fone: (41) 2106-4170 . www.intersaberes.com . editora@intersaberes.com

Conselho editorial
Dr. Alexandre Coutinho Pagliarini
Drª Elena Godoy
Dr. Neri dos Santos
Mª Maria Lúcia Prado Sabatella

Editora-chefe
Lindsay Azambuja

Gerente editorial
Ariadne Nunes Wenger

Assistente editorial
Daniela Viroli Pereira Pinto

Edição de texto
Monique Francis Fagundes Gonçalves

Capa
Cynthia Burmester do Amaral (*design*)
Flame of life, MriMan, Oksana Alekseeva, Tati Nova photo Mexico, Andrii Horulko, Richard Laschon, naKornCreate, solarus, Pere Rubi, wattana, romeovip_md e Angelina Babii/Shutterstock (imagens)
Charles L. da Silva (adaptação)

Projeto gráfico
Mayra Yoshizawa (*design*)
ildogesto e MimaCZ/Shutterstock (imagem)

Iconografia
Regina Claudia Cruz Prestes

1ª edição, 2016.
2ª edição, 2023.

Foi feito o depósito legal.

Informamos que é de inteira responsabilidade dos autores a emissão de conceitos.

Nenhuma parte desta publicação poderá ser reproduzida por qualquer meio ou forma sem a prévia autorização da Editora InterSaberes.

A violação dos direitos autorais é crime estabelecido na Lei n. 9.610/1998 e punido pelo art. 184 do Código Penal.

Dados Internacionais de Catalogação na Publicação (CIP)
(Câmara Brasileira do Livro, SP, Brasil)

Sarde Neto, Emílio
  Território, cultura e representação / Emílio Sarde Neto, Lawrence Mayer Malanski. -- 2. ed. -- Curitiba, PR : Editora Intersaberes, 2023.

  Bibliografia.
  ISBN 978-85-227-0474-3

  1. Cultura – Aspectos sociais 2. Geografia humana 3. Territorialidade humana I. Malanski, Lawrence Mayer. II. Título.

23-142688   CDD-304.23

Índices para catálogo sistemático:
1. Geografia humana : Ciências sociais   304.23

Eliete Marques da Silva - Bibliotecária - CRB-8/9380

Sumário

Apresentação | *9*

Organização didático-pedagógica | *13*

1. A tradição da abordagem cultural na geografia: diferentes perspectivas teóricas | 17

   1.1 A origem e o desenvolvimento da geografia moderna | 19

   1.2 Os primeiros estudos de geografia humana e de geografia cultural | 25

2. A crise da geografia tradicional, as abordagens humanistas e a renovação da geografia cultural | 41

   2.1 A crise da geografia tradicional e o desenvolvimento da nova geografia | 43

   2.2 As alternativas à nova geografia | 45

   2.3 As abordagens humanistas e a renovação da geografia cultural | 50

   2.4 As geografias humanista e cultural no Brasil | 57

   2.5 As geografias humanista e cultural na atualidade | 60

3. Conceitos básicos | 71

   3.1 Cultura e natureza | 73

   3.2 Paisagem e lugar | 83

   3.3 Território e representação | 91

4. Grandes questões contemporâneas da relação espaço-cultura | 109

   4.1 Civilização | 111

   4.2 Diáspora | 115

   4.3 Identidade | 119

   4.4 Gênero | 122

4.5   Etnia | 126

4.6   Religião e corpo | 130

5. **Geografia e representação** | 143

5.1   O conceito de representação | 145

5.2   A geografia como forma de representação | 152

5.3   A linguagem de representação da geografia | 156

5.4   As relações entre a geografia e as demais formas de representação pelo prisma espacial | 171

Considerações finais | *189*

Glossário | *191*

Referências | *199*

Bibliografia comentada | *213*

Respostas | *217*

Sobre os autores | *219*

Anexo | *221*

O homem procura a Terra, ele a espera e a chama com todo o seu ser. Antes mesmo de tê-la encontrado, ele vai adiante dela e a *reconhece*.

(Dardel, 2011)

Apresentação

Nesta obra, abordaremos as geografias cultural e humanista e seus desenvolvimentos histórico e epistemológico. Assim, nosso propósito será oferecer ao leitor um panorama histórico do pensamento geográfico em geral, em especial a dimensão espacial da cultura e alguns temas correlatos, como território, representação, paisagem, lugar, além de apresentar e discutir grandes questões contemporâneas provenientes da relação entre espaço e cultura.

Com esse propósito, veremos que o interesse pela cultura nos estudos geográficos modernos pode se confundir, em sua origem, com a própria evolução da geografia humana; contudo, o interesse dos geógrafos pela cultura esteve restrito à perspectiva filosófica naturalista e positivista. Tal perspectiva, apesar de suas contradições, mostrou que os aspectos culturais são de suma importância para os estudos dessa ciência, pois implicam diretamente a relação das pessoas com o ambiente que habitam.

Com o passar do tempo, a abordagem tradicional da cultura pela geografia foi renovada e outra abordagem interessada pelos aspectos humanos se desenvolveu: a geografia humanista. Com ela, as análises recaíram sobre a identidade étnica, o simbolismo, as representações e as imagens mentais. Assim, ambas as abordagens possibilitaram o entendimento das experiências humanas e dos diferentes significados dados pelas pessoas ao mundo.

Essas abordagens não só mostram interesse pela cultura material dos grupos humanos como também priorizam as representações simbólicas resultantes das experiências do espaço. Tais representações são de difícil compreensão pelas ciências positivistas, pois envolvem o sobrenatural, o mágico-religioso, os mundos pessoais e outras formas de espacialidade que vão além do material. No entanto, as teorias acadêmicas e o desenvolvimento científico favoreceram a compreensão do mundo pelos geógrafos. Atualmente, parte deles lança olhares para o simbólico e para suas representações na análise de território, territorialidades, lugares e paisagens.

As relações mantidas pelas pessoas com seus lugares favorecem a atribuição de sentidos e significados aos elementos materiais e imateriais, naturais ou construídos, mediados pela cultura de cada povo. Isso é o que dá sentido à vida. No espaço geográfico, a materialidade tangível está imersa em elementos imateriais, simbólicos e intangíveis, ou seja, em um universo simbólico. No entanto, as partes se entrelaçam como um todo — e é esse ponto que tanto a geografia humanista quanto a cultural, em suas posições críticas de análise, procuram enfatizar. Para tanto, elas fazem uso de elementos de diversas outras ciências, sobretudo a antropologia, a sociologia e a filosofia, e se relacionam com eles, o que fortalece os estudos sobre cultura, representações e territórios.

Nesse contexto, abordaremos neste livro os seguintes temas: no Capítulo 1, veremos um panorama da abordagem cultural pela geografia tradicional, que envolve a origem da geografia moderna e as escolas tradicionais do pensamento geográfico; no Capítulo 2, trataremos do desenvolvimento da geografia humanista e da renovação da abordagem cultural, passando também pela crise da geografia tradicional e pelo desenvolvimento da nova geografia; no Capítulo 3, apresentaremos e discutiremos alguns conceitos fundamentais nos estudos das geografias humanista e cultural, como cultura, natureza, paisagem, lugar, território e representação; já no Capítulo 4, discutiremos grandes questões atuais da relação entre espaço e cultura, como as ideias de civilização, diáspora, identidade, gênero, etnia, religião e corpo; finalmente, no Capítulo 5, aprofundaremos a ideia de representação e trabalharemos a geografia considerando-a uma de suas formas, o que envolve a linguagem de representação da geografia constituída, sobretudo, pela cartografia e também os mapas mentais e a cartografia social e colaborativa. Ainda neste capítulo, relacionaremos a geografia a outras formas de representação pelo prisma espacial. Por fim, apresentaremos nossas considerações finais em contexto atualizado, destacando a importância dos estudos que tratam de cultura e território.

Organização didático-pedagógica

Esta seção tem a finalidade de apresentar os recursos de aprendizagem utilizados no decorrer da obra, de modo a evidenciar os aspectos didático-pedagógicos que nortearam o planejamento do material e como o aluno/leitor pode tirar o melhor proveito dos conteúdos para seu aprendizado.

Introdução do capítulo
Logo na abertura do capítulo, você é informado a respeito dos conteúdos que nele serão abordados, bem como dos objetivos que o autor pretende alcançar.

Síntese
Você conta, nesta seção, com um recurso que o instigará a fazer uma reflexão sobre os conteúdos estudados, de modo a contribuir para que as conclusões a que você chegou sejam reafirmadas ou redefinidas.

Indicações culturais

Ao final do capítulo, o autor oferece algumas indicações de livros, filmes ou *sites* que podem ajudá-lo a refletir sobre os conteúdos estudados e permitir o aprofundamento em seu processo de aprendizagem.

Atividades de autoavaliação

Com estas questões objetivas, você tem a oportunidade de verificar o grau de assimilação dos conceitos examinados, motivando-se a progredir em seus estudos e a se preparar para outras atividades avaliativas.

Atividades de aprendizagem

Aqui você dispõe de questões cujo objetivo é levá-lo a analisar criticamente determinado assunto e aproximar conhecimentos teóricos e práticos.

Bibliografia comentada

Nesta seção, você encontra comentários acerca de algumas obras de referência para o estudo dos temas examinados.

A tradição da abordagem cultural na geografia: diferentes perspectivas teóricas

Você já deve ter notado a diversidade de assuntos estudados atualmente pela geografia. O amplo campo de investigação e as possibilidades de relação com outras ciências fazem dela uma ciência complexa e bastante instigante. A cultura é apenas um dos assuntos estudados pela geografia e, mesmo assim, não se caracteriza por uma uniformidade de pensamentos e abordagens. O interesse da geografia pela cultura remonta à origem da própria geografia moderna, no século XVIII, na Europa.

Para que você possa entender o desenvolvimento dos estudos geográficos da cultura, dividimos essa história em cinco momentos: 1) a origem e o desenvolvimento da geografia moderna; 2) os primeiros estudos de geografia humana voltadas às línguas germânica e francesa; 3) a geografia cultural nos Estados Unidos; 4) a crise e o declínio das geografias humana e cultural; e 5) o desenvolvimento da geografia humanista e da nova geografia cultural.

1.1 A origem e o desenvolvimento da geografia moderna

Você provavelmente já leu em algum livro a definição de *geografia* e constatou que essa palavra é, na verdade, derivada da composição dos radicais gregos *geos* (Terra) e *grafein* (escrita). Assim, a geografia teria como finalidade descrever e estudar toda a Terra (Capel; Urteaga, 1984). No entanto, a definição do termo é mais complexa do que isso e, mesmo atualmente, ainda fomenta debates acadêmicos.

De acordo com Moraes (2007, p. 50), "até o século XVIII, não é possível falar de conhecimento geográfico como algo padronizado, com um mínimo [...] de unidade temática e de continuidade nas formulações". Ou seja, não se pode dizer que até então a geografia existia, ou que ao menos os trabalhos com características geográficas eram apresentados com esse rótulo. Sabe-se que, no período clássico da Grécia Antiga, por exemplo, Tales de Mileto (623 a.C.-556 a.C.) e Anaximandro (610 a.C.-546 a.C.) desenvolveram estudos a respeito da forma da Terra e da cartografia, enquanto Heródoto (484 a.C.-425 a.C.) e Estrabão (63 a.C.-24 a.C.) se preocuparam em descrever os povos conhecidos em lugares específicos por uma perspectiva regional — corografia (Capel; Urteaga, 1984). No século II d.C., Cláudio Ptolomeu (90 d.C.-168 d.C.) retomou o pensamento grego clássico e escreveu a obra *Geographia* (Moraes, 2007).

Na Idade Média, o conhecimento greco-romano clássico entrou em declínio na Europa e em seu lugar desenvolveram-se cosmografias fortemente influenciadas pela religião católica. No entanto, muitas descobertas do período clássico foram preservadas pelos povos árabes, como a cartografia, utilizada no planejamento territorial e no comércio. A descoberta do Novo Mundo pelos europeus, no fim do século XV, deu início a uma nova etapa da história e também da geografia, em razão das relações estabelecidas entre povos diferentes e da necessidade de explorar e descrever os novos territórios (Capel; Urteaga, 1984).

Durante o Renascimento, Bernardo Varenius (1622-1650) elaborou a obra *Geografia Generalis* (1650), que tempos depois fundamentou a teoria de Isaac Newton (1643-1727). Naquele período, a área integrava, com a astronomia, a óptica, a música, entre outras, a chamada *matemática mista*. Apesar do uso frequente da palavra *geografia*, ao observarmos os temas tratados por esses pensadores, verificamos que o termo pouco tem em comum com o que veio a ser considerada essa ciência. Assim, podemos afirmar que, no fim do século XVIII, a geografia era, de um modo geral, essencialmente física e astronômica e as características humanas tinham menor importância nos estudos corológicos (Capel; Urteaga, 1984).

A organização e a sistematização do conhecimento geográfico só ocorreram no século XIX, em meio ao desenvolvimento do modo de produção capitalista e do positivismo. O positivismo, fundamentado principalmente nas ideias de Auguste Comte (1798-1857) e John Stuart Mill (1806-1873), propunha a ideia de que o conhecimento científico é a única forma de conhecimento verdadeiro. Por isso, os positivistas relevaram os aspectos relacionados a crenças, superstições ou qualquer outro fator que não pudesse ser comprovado cientificamente. Naquele século, os europeus já tinham conhecimento das dimensões e da forma real de todos os continentes e a formação de um espaço mundializado estava em curso. Os avanços do mercantilismo e a formação dos impérios coloniais fomentaram a busca pela realidade local e a elaboração de inventários dos recursos naturais das colônias, sobretudo da África e da Ásia. Assim, as expedições exploratórias dos séculos XV e XVI deram lugar a expedições científicas que faziam uso de técnicas cartográficas avançadas e de métodos descritivos precisos e sistematizados (Moraes, 2007).

A crescente divisão e a especialização dos trabalhos científicos, frutos das ideias positivistas, levaram à independência da geografia em relação à **geodésia** e à cartografia, o que ocasionou o rompimento da geografia com a matemática e a física. Aos geógrafos restou a tarefa de descrever áreas e elaborar compilações enciclopédicas, o que acabou por afastar a geografia da vanguarda do pensamento científico da época (Capel; Urteaga, 1984).

Nesse contexto, a história da geografia moderna está diretamente relacionada ao nome de dois **prussianos**: Alexander von Humboldt (1769-1859) e Karl Ritter (1779-1859). Em razão de sua longevidade, incomum para a época, ambos vivenciaram acontecimentos importantes na Europa, como a queda do Sacro Império Romano-Germânico, as Guerras Napoleônicas, a descolonização da América, a fundação da Confederação Germânica e a organização dos territórios dos estados germânicos. A questão do espaço para os germânicos era, então, fundamental — e é nesse contexto histórico que podemos situar a origem da geografia moderna (Moraes, 2007).

Apesar de contemporâneos, Humboldt e Ritter tinham formações diferentes: o primeiro era geólogo e botânico e o segundo era filósofo e historiador. No entanto, ambos receberam influências do **idealismo** e do **romantismo** alemão, além de pensadores como Immanuel Kant (1724-1804), Johann Gottfried von Herder (1744-1803), Georg Wilhelm Friedrich Hegel (1770-1831), Friedrich Schiller (1759-1805) e Johann Wolfgang von Goethe (1749-1832) (Capel; Urteaga, 1984).

Humboldt entendia a geografia como uma ciência de síntese dos fenômenos que coexistiam no espaço. Para tanto, ele propôs como método o empirismo raciocinado, ou seja, a intuição a partir da contemplação da paisagem. As duas grandes obras de Humboldt foram *Kosmos* (*Cosmos* — publicado em cinco volumes entre 1845 e 1862) e *Ansichten der Natur* (*Quadros da Natureza*, 1849) (Moraes, 2007).

Já os trabalhos de Ritter eram notadamente metodológicos e tinham por objetivo propor uma geografia efetiva. Diferentemente do proposto por Humboldt, nos trabalhos de Ritter a observação da paisagem não era o principal objeto de abordagem geográfica, mas sim a descrição, a análise e a comparação de lugares e regiões (corologia). Ele apresentava, então, uma noção **antropológica** da geografia, que pode ser notada em sua principal obra: *Allgemeine Erdkunde* (*Geografia comparada*, 1862) (Moraes, 2007). Esse geógrafo se destacou também por ser o primeiro professor de geografia regular e fixo em uma universidade, ao assumir a cátedra criada especialmente para ele na Universidade de Berlim. Apenas como curiosidade, em frente a essa universidade, a mais antiga de Berlim (Alemanha), existe uma estátua de Alexander von Humboldt. Além disso, a universidade passou a ser chamada, ainda no século XIX, de Humboldt-Universität zu Berlin (Universidade Humboldt em Berlim). O nome faz referência a Wilhelm von Humboldt (1767-1835), importante linguista e um dos fundadores dessa universidade, irmão de Alexander von Humboldt (observe a Figura 1.1 a seguir).

Figura 1.1 – Estátua de Alexander von Humboldt
(Humboldt-Universität, Berlim, Alemanha)

É importante reconhecer a origem da geografia moderna e compreender um pouco os trabalhos de Humboldt e Ritter, pois todas as pesquisas da chamada *geografia tradicional* que serão apresentadas adiante foram influenciadas de algum modo pelas formulações desses autores. Ritter não teve grandes seguidores diretos, mas Humboldt despertou o interesse, sobretudo, de botânicos e naturalistas (Capel; Urteaga, 1984).

1.2 Os primeiros estudos de geografia humana e de geografia cultural

Os trabalhos das escolas alemã, francesa e norte-americana de geografia que veremos a seguir se inserem no contexto do que se convencionou chamar de *geografia tradicional*, na qual predominaram três vertentes principais: o "determinismo" ambiental, o possibilismo e a diferenciação de áreas. A abordagem da cultura pela geografia, tema deste capítulo, diluiu-se nesse contexto.

1.2.1 A geografia tradicional alemã

O interesse dos geógrafos pela cultura remonta ao fim do século XIX, quando dedicavam atenção às relações entre as pessoas e o espaço. Sob influência da ciência naturalista, impactada pela publicação da obra *On the Origin of Species* (*A origem das espécies*, 1859), de Charles Darwin (1809-1882), teve origem na Alemanha a disciplina de Ecologia. A então recém-criada disciplina atraiu a atenção de Friedrich Ratzel (1844-1904), um historiador natural prussiano interessado nos estudos a respeito da influência das migrações na evolução dos seres vivos. Por meio desses estudos, Ratzel descobriu a geografia (Claval, 2014).

Ao voltar de uma longa viagem aos Estados Unidos em 1875, Ratzel defendeu um doutorado dedicado à imigração chinesa na Califórnia. Com base em sua experiência americana, ele escreveu uma obra cujo tomo II é intitulado *Culturgeographie der Vereinigten Staaten von Nord-Amerika unter besonderer Berücksichtigung der wirtschaftlichen Verhältnisse* (*A geografia cultural dos Estados Unidos da América do Norte, com ênfase voltada para suas condições econômicas,* 1880). A expressão *geografia cultural* foi, então, utilizada pela primeira vez (Claval, 2014).

De acordo com Claval (2014, p. 29), entre 1882 e 1891, Ratzel elaborou "uma nova concepção da geografia". Ele absorveu as lições dos grandes mestres alemães da disciplina — Alexander von Humboldt e Karl Ritter — e retirou de sua formação de naturalista a ideia de que a distribuição dos homens e das civilizações merece atenção particular, propondo assim o termo *antropogeografia* para nomear o novo capítulo da disciplina. Nesse contexto, Ratzel escreveu seu livro principal, *Anthropogeographie: Grundlagen von Anwendungs von Geographie Geschichte* (*Antropogeografia: fundamentos da aplicação da geografia à história*), com o qual pode-se dizer que o autor fundou a geografia humana (Moraes, 2007). Nessa obra, "Ratzel definiu o objeto geográfico como o estudo da influência que as condições naturais exercem sobre a humanidade" (Moraes, 2007, p. 69). Em virtude dessa influência, o pesquisador foi rotulado pelo historiador francês Lucien Febvre (1878-1956) como um simples determinista, o que reduziu sua importância e desqualificou seus trabalhos (Pereira, 1999). Cabe destacar que as críticas de Febvre inseriram-se nas rixas política, econômica e intelectual existentes entre a Alemanha e a França, como veremos adiante.

De acordo com Moraes (2007, p. 70), Ratzel entendeu que "a sociedade é um organismo que mantém relações duráveis com o solo, manifestas, por exemplo, nas necessidades de moradia e alimentação". Assim: "Quanto maior o vínculo com o solo, tanto maior seria para a sociedade a necessidade de manter sua posse. É por esta razão que a sociedade cria o Estado" (Moraes, 2007, p. 70). Ainda conforme Moraes (2007, p. 70), nesse contexto, Ratzel elaborou o conceito de *Lebensraum* (espaço vital), como sendo a representação da "proporção de equilíbrio entre a população de uma dada sociedade e os recursos disponíveis para suprir suas necessidades". Esse conceito contribuiu para legitimar e justificar o expansionismo territorial do então recém-formado Império Alemão — criado a partir da unificação alemã, em 1871, sob o comando de Otto von Bismarck) (Moraes, 2007).

Ao entender a geografia humana como uma ciência natural, ao não diferenciar as pessoas de acordo com suas qualidades específicas e ao analisar a cultura como um conjunto de artefatos utilizados pelas pessoas em suas relações com o espaço, Ratzel deu a sua obra um alcance essencialmente político. Mesmo assim, seu pensamento privilegiou o elemento humano e abriu várias frentes de estudo, valorizando questões como a formação dos territórios, a difusão dos seres humanos, a distribuição dos povos e das raças na superfície terrestre e o isolamento geográfico de populações e suas consequências (Moraes, 2007; Claval, 2014).

Se, para Ratzel, os estudos da geografia se confundiam com o estudo dos artefatos utilizados pelas sociedades para dominar o espaço, para a maioria dos geógrafos alemães do início do século XX esses estudos deveriam considerar as marcas deixadas na paisagem pelas pessoas, no que se denominou *morfologia da paisagem cultural*. Essa mudança ocorreu na busca de uma definição para a geografia que oferecesse a vantagem de explicar um objeto e, assim, pudesse justificar sua existência (Moraes, 2007). O principal representante dessa ideia foi Otto Schlüter (1872-1959), que, em 1907, redigiu um texto no qual a paisagem foi o objeto de estudo da geografia humana. Com isso, ele manteve a unidade dessa ciência, uma vez que determinada paisagem seria modelada tanto pela ação humana quanto pelas forças da natureza (Claval, 2014).

Além de Ratzel e Schlüter, destacaram-se outros geógrafos alemães, como Eduard Hahn (1856-1928), com seus estudos sobre paisagens agrárias; Siegfried Passarge (1866-1958), com suas análises comparativas de paisagens; e Alfred Hettner (1859-1941), com seus trabalhos de diferenciação de áreas baseado em uma perspectiva neokantiana, que priorizava o pensamento dedutivo em relação ao pensamento empirista dos positivistas. Foi Passarge que, no início dos anos de 1920, considerou a paisagem como o conjunto do espaço compreendido pelo olho humano (Moraes, 2007; Claval, 2014), uma concepção ainda muito difundida na geografia contemporânea. Quanto a Hettner, voltaremos a citá-lo no contexto da geografia cultural norte-americana em razão de sua influência sobre Richard Hartshorne (1899-1992).

1.2.2 A geografia tradicional francesa

A histórica rivalidade e o antagonismo entre alemães e franceses influenciaram até mesmo a construção da geografia na França. Enquanto a geografia de Ratzel legitimou a ação expansionista do Império Alemão, coube à França combatê-la. Nesse contexto, com base em um diálogo crítico sobre as ideias de Ratzel e com influências de Humboldt e Ritter, desenvolveu-se o pensamento geográfico francês. Seu expoente foi Paul Vidal de La Blache (1845-1918), principal articulador da escola francesa de geografia, também chamada de *escola possibilista* (Moraes, 2007; Claval, 2014), em oposição ao determinismo ambiental atribuído por Febvre à escola alemã (Pereira, 1999). Se para os alemães o ambiente simplesmente determinaria e condicionaria a ação humana, para os franceses existiriam influências recíprocas entre a ação humana e o meio ambiente.

Em sua crítica à geografia alemã, La Blache partiu dos conceitos de espaço vital e de antropogeografia propostos por Ratzel. Em um primeiro momento, criticou a politização explícita do discurso do colega alemão e defendeu o argumento de neutralidade do discurso científico, mesmo que sua própria geografia deixasse transparecer os interesses franceses de modo mais velado (Moraes, 2007), como veremos adiante. Em seguida, atacou os aspectos naturalistas das ideias de Ratzel, criticando a simplificação do elemento humano e sua passividade diante das imposições do ambiente (determinismo ambiental) (Moraes, 2007). No entanto, La Blache não rompeu totalmente com o naturalismo, pois afirmou que o propósito da geografia era explicar os lugares por meio das paisagens, e não explicar os seres humanos. Ainda, o geógrafo francês criticou a antropogeografia e sua concepção mecanicista da relação entre os seres humanos e a natureza. Para tanto, propôs um modo relativista para essa questão, conhecido como *gênero de vida* (Claval, 2014).

Nesse contexto, La Blache desenvolveu estudos com base nos gêneros de vida, que lhe permitiram abordar as técnicas, os utensílios, os costumes e as maneiras de habitar construídas e transmitidas socialmente. A ideia de gênero de vida influenciou toda uma escola do pensamento geográfico da França. A partir dela, a natureza passou a ser entendida como possibilidade para a ação humana, e não sua determinante, e a paisagem ganhou destaque como forma de reflexão e organização dos gêneros de vida (Claval, 2014). Uma vez estabelecido determinado gênero de vida, ele tenderia à reprodução sempre do mesmo modo, porém alguns fatores poderiam impor uma mudança, como a possibilidade de esgotamento dos recursos existentes, o crescimento populacional e o contato com outros gêneros de vida. Esse último fator seria o principal responsável pelo progresso humano, pois proporcionaria arranjos mais ricos pela inclusão de novas técnicas e de novos costumes. Notamos aqui que, enquanto criticava o expansionismo alemão, La Blache resguardava o expansionismo colonial francês, sobretudo na África e na Ásia (Moraes, 2007).

Jean Brunhes (1869-1930), um dos alunos de La Blache, seguiu os ensinamentos do mestre francês atribuindo-lhes métodos rigorosos para os estudos das paisagens e dos gêneros de vida. Com isso, tornou-se um dos pioneiros de uma abordagem sistemática para a geografia humana. Outro geógrafo francês que seguiu a tradição de La Blache foi Pierre Deffontaines (1894-1978), que fez ainda levantamentos e desenhos de paisagens para Brunhes (Claval, 2014). Deffontaines veio ao Brasil em missões universitárias do governo francês na década de 1930 e fundou as cátedras de geografia da Universidade de São Paulo e da Universidade do Distrito Federal, no Rio de Janeiro. Além disso, foi um dos principais responsáveis pela criação da Associação dos Geógrafos Brasileiros (AGB) e do Conselho Nacional de Geografia.

Na década de 1940, destacaram-se os trabalhos de Maximilien Joseph Sorer, ou Max. Sorre (1880-1962). Além de seguir a proposta de La Blache, o autor também a aprofundou e a desenvolveu. Atribuiu-se a Sorre o desenvolvimento de uma geografia ecológica por meio dos conceitos de gênero de vida, *habitat* e ecúmeno, ou seja, o estudo da relação de transformação do meio pelos grupos humanos. Essas ideias foram apresentadas em sua obra de referência, *Les Fondements de la Géographie Humaine* (*Os Fundamentos da geografia humana*), publicada em quatro volumes entre 1943 e 1958 (Moreira, 2003; Moraes, 2007).

Os seguintes geógrafos posteriores a Sorre fecharam o ciclo da geografia tradicional francesa já na década de 1950 e antecederam a chegada da geração de Pierre George (1909-2006) (Moreira, 2003): André Cholley (1886-1968), cujos trabalhos procuraram restaurar a unidade entre a geografia física e a humana por meio de uma ciência de complexos; e Maurice Le Lannou

(1906-1992), cujas pesquisas caracterizaram-se pela abordagem regional dos agrupamentos e dos estabelecimentos humanos na Terra (Moraes, 2007).

O legado deixado pela geografia tradicional francesa foi o estabelecimento de uma geografia humana dedicada explicitamente ao estudo dos fenômenos humanos e orientada para o produto da ação humana no meio (Moraes, 2007). Além disso, essa geografia mostrou-se sensível aos ensinamentos da etnografia e aos estudos folclóricos (Claval, 2014).

1.2.3 A geografia tradicional norte-americana

Nos Estados Unidos, o viés cultural da geografia teria sido ignorado em meio ao domínio da Escola de Chicago (ou do *Middle West*), fortemente influenciada pelo naturalismo da geografia alemã, se não fosse pelos trabalhos da Escola de Berkeley e por seu principal expoente: Carl Ortwin Sauer (1889-1975). Sauer era filho de imigrantes alemães e o pai foi professor de francês e música em uma colônia no Missouri. Por isso, teve contato com o pensamento naturalista e com a literatura romântica alemã, principalmente Goethe.

Dos geógrafos alemães e franceses, Sauer conheceu o conceito de paisagem cultural e a abordagem regional, o que referenciou sua base teórico-metodológica, apoiada no meio ambiente. No entanto, ele constatou que a importância da ação humana ao longo da história na produção e na transformação da paisagem era muito mais significativa do que a influência do meio ambiente sobre o uso da terra. Assim, as atividades humanas é que deveriam ocupar posição de destaque nos estudos da paisagem, e não a influência dos meios naturais. A partir disso, o conceito de paisagem se tornou fundamental nas pesquisas de Sauer e sua aplicação ao meio ambiente deu origem à chamada *ecologia da paisagem* ou *ecologia geográfica* (Mathewson; Seemann, 2008).

Com relação à cultura, Sauer, próximo da ecologia, da antropologia e da história, entendeu-a como um conjunto de instrumentos, artefatos e técnicas que permitiria às pessoas agirem sobre o espaço de modo a torná-lo mais produtivo. Assim, os trabalhos desse autor se aproximaram daqueles realizados pelo geógrafo alemão Eduard Hahn. Ao dar ênfase às atividades humanas sobre o meio ao longo do tempo, notamos que, assim como o geógrafo alemão, Sauer relevou as dimensões sociais e psicológicas da cultura (Claval, 2014).

A obra *The Morphology of Landscape* (*A morfologia da paisagem*, 1925) evidenciou o caráter não positivista da geografia de Sauer como ciência e marcou uma ruptura com o determinismo ambiental. Além disso, nela estão os enunciados que fundamentaram a geografia cultural nos Estados Unidos, entre eles a valorização da relação entre os seres humanos e a paisagem e a análise comparativa dessa relação a fim de proporcionar uma noção integral da paisagem que individualizou a geografia como ciência. Nesse sentido, a geografia, para Sauer, deveria fornecer uma visão integral dos fatos de determinado lugar que, associados, originariam o conceito de paisagem (Holzer, 2000).

No que diz respeito à Escola de Berkeley, de um modo geral, os trabalhos de Sauer trataram das sociedades sem escrita da América do Norte e das grandes civilizações tradicionais do mundo. Apesar de se desenvolver no início do século XX, a inquietação ecológica presente nos trabalhos de geografia cultural de Berkeley ainda permanece atual, e os reflexos dessa abordagem são visíveis ainda hoje (Claval, 2014).

Richard Hartshorne foi outro geógrafo norte-americano de destaque, porém ele não fazia parte da Escola de Berkeley. Hartshorne retomou, desenvolveu e aprimorou os trabalhos de Alfred Hettner e propôs a geografia como a ciência que estuda a diferenciação de áreas, ou seja, que busca explicar por que e em que diferem as porções da superfície terrestre. Essa ideia foi denominada *geografia ideográfica*. Além disso, ele propôs outra forma de estudo, chamada de *geografia nomotética*. Nesta, de caráter generalizador, o pesquisador fazia comparações de fenômenos e de inter-relações entre os lugares de modo a obter um "padrão de variação", ou seja, um conhecimento genérico (Moraes, 2007). Os trabalhos de Hartshorne, bem como os de Cholley e Le Lannou, na França, foram os últimos da geografia tradicional antes da ascensão da nova geografia, que veremos no capítulo seguinte.

Síntese

Neste capítulo, você conheceu um pouco da história da geografia tradicional e pôde compreender que ela fundamentou a geografia como uma ciência autônoma. Além disso, essa geografia identificou problemas e questões válidas e elaborou conceitos, como território, ambiente, paisagem, região, *habitat*, área, que ainda merecem ser discutidos. No entanto, algumas respostas dadas por ela a problemas e questões se mostraram insatisfatórias ou equivocadas (Moraes, 2007).

Quanto à cultura, a geografia tradicional a abordou de modo reducionista, pois relevou seus aspectos subjetivos, dando ênfase às técnicas, aos utensílios e às transformações da paisagem. Os geógrafos alemães foram os primeiros a proceder dessa forma. Já os franceses desenvolveram a ideia de gênero de vida, buscando explicar a relação entre as pessoas e o ambiente. De um modo geral, podemos afirmar que os estudos da cultura pelas geografias alemã e francesa permaneceram atrelados à geografia humana. Por fim, os norte-americanos devem a Sauer o destaque dado ao estudo do impacto das culturas sobre o ambiente mediante uma perspectiva teórica que misturou as escolas alemã e francesa (Claval, 2014), e a Hartshorne o desenvolvimento dos estudos de diferenciação e comparação de áreas.

Observe o quadro a seguir com os principais expoentes da chamada *geografia tradicional* e os principais conceitos trabalhados por eles.

Quadro 1.1 - Quadro-síntese da geografia tradicional

	Geografia tradicional alemã	Geografia tradicional francesa	Geografia tradicional norte-americana
Principais expoentes	Friedrich Ratzel, Otto Schlüter, Eduard Hahn, Siegfried Passarge e Alfred Hettner	Paul Vidal de La Blache, Jean Brunhes, Pierre Deffontaines e Max. Sorre	Carl Sauer e Richard Hartshorne
Principais conceitos trabalhados	Antropogeografia, espaço vital e paisagem	Gênero de vida, *habitat* e ecúmeno	Ecologia da paisagem e geografia ideográfica

Atividades de autoavaliação

1. A organização e a sistematização do conhecimento geográfico que ocorreram no século XIX estão diretamente relacionadas ao nome de dois pesquisadores. Assinale a alternativa que os apresenta:

a) Friedrich Ratzel e Vidal de La Blache.

b) Carl Sauer e Friedrich Ratzel.

c) Carl Ritter e Alexander von Humboldt.

d) Carl Sauer e Alexander von Humboldt.

2. A fundação da geografia humana é atribuída à obra de um geógrafo alemão que viveu no século XIX e teve influência significativa no projeto expansionista do Império Alemão. Assinale a alternativa que apresenta o nome da obra e do geógrafo:

a) *Antropogeografia: fundamentos da aplicação da geografia à história*, de Friedrich Ratzel.

b) *Quadros da natureza*, de Alexander von Humboldt.

c) *Os fundamentos da geografia humana*, de Max. Sorre.

d) *A morfologia da paisagem*, de Carl Sauer.

3. Em oposição aos trabalhos realizados por Ratzel, La Blache desenvolveu o que ficou conhecida como *escola possibilista* da geografia francesa. A respeito dessa escola, assinale a alternativa correta:

a) Ao descartar os trabalhos realizados por Humboldt, Ritter e Ratzel, a escola possibilista de geografia francesa rompeu completamente com a escola de geografia alemã.

b) A escola possibilista de geografia francesa criticou a antropogeografia e sua concepção mecanicista da relação entre os seres humanos e a natureza.

c) Diferentemente do que ocorreu na Alemanha com as ideias de Ratzel, a escola possibilista de geografia francesa nada teve a ver com o expansionismo colonial do próprio país.

d) A escola possibilista de geografia francesa fundamentou-se, sobretudo, nos ensinamentos positivistas de Auguste Comte, que propunha a ideia de que o conhecimento científico não é a única forma de conhecimento verdadeiro.

4. De um modo geral, pode-se dizer que a geografia tradicional abordou a cultura de forma reducionista, pois a considerou:

   a) um conjunto de crenças, símbolos, rituais e linguagens que daria sentido e significado à existência humana.

   b) um conjunto de percepções e representações humanas do espaço.

   c) um conjunto de instrumentos, técnicas e artefatos que permitiriam aos seres humanos transformar a paisagem.

   d) um conjunto de pensamentos, comportamentos e padrões socialmente transmitidos entre gerações.

5. Marque a alternativa que apresenta as contribuições mais significativas da geografia tradicional para os estudos posteriores da geografia:

   a) Desenvolveu métodos precisos e eficazes para os estudos das diferentes culturas em meio urbano.

   b) Definiu a geografia como ciência autônoma em meio aos contextos social e científico de sua época.

   c) Atribuiu ao ser humano atenção total em seus estudos, demonstrando a capacidade de domínio da natureza pelas sociedades.

   d) Elaborou conceitos como o de paisagem e de região, que evidenciam o domínio do meio natural sobre as culturas e as sociedades.

Atividades de aprendizagem

Questões para reflexão

1. O trecho a seguir é um parágrafo do livro *Kosmos* (*Cosmos*), obra clássica de Humboldt publicada entre 1845 e 1862. Leia-o e reflita sobre a importância da observação e da noção de

conjunto (unidade) da natureza para o estudo da geografia. Por fim, anote em forma de tópicos as conclusões obtidas.

> A natureza, considerada por meio da razão, isto é, apresentada em seu conjunto ao trabalho do pensamento, é a unidade na diversidade dos fenômenos, a harmonia entre as coisas criadas, que se diferem por sua forma, por sua própria constituição, pelas forças que as animam; é o Todo animado por um sopro de vida. O resultado mais importante de um estudo racional da natureza é reconhecer a unidade e a harmonia nesta imensa acumulação de coisas e de forças; abraçar com o mesmo ardor o que é consequência dos descobrimentos dos séculos passados com o que se deve as investigações dos tempos em que vivemos, e analisar o detalhe dos fenômenos sem sucumbir à sua massa. Penetrando nos mistérios da natureza, descobrindo seus segredos e dominando pelo trabalho do pensamento os materiais recolhidos por meio da observação, esta é a forma como o homem pode mostrar-se mais digno de seu próprio destino. (Humboldt, 2011, p. 4, tradução nossa)

2. Leia o trecho a seguir, do texto *The Education of a Geographer* (*A educação de um geógrafo*), publicado em 1956 por Carl Sauer. Reflita sobre ele e redija um parágrafo argumentativo a respeito da função e da importância da geografia e do geógrafo ao longo do tempo.

> A geografia, como descrição explicativa da Terra, fixa sua atenção na diversidade de características

da Terra e as compara a partir de sua distribuição. De algum modo é sempre uma leitura da superfície terrestre. Não existimos como profissionais porque descobrimos uma linha de investigação ou mesmo porque possuímos uma técnica especial, mas porque os homens sempre precisaram do saber geográfico acumulando-o e classificando-o. (Sauer, 2000, p. 141)

Atividade aplicada: prática

O trecho a seguir pertence à transcrição e à tradução do texto *Des caracteres distinctifs de la Géographie* (*As características próprias da geografia*), de Paul Vidal de La Blache, publicado originalmente nos *Annales De Géographie*, número 22, de 1913. Leia o trecho, analise-o e pesquise um método utilizado pela geografia para o estudo da cultura. Por fim, resuma e anote as principais características do método pesquisado.

A Geografia é considerada como se alimentando nas mesmas fontes de fatos da Geologia, da Física, das Ciências Naturais e, de certa forma, das Ciências Sociológicas. Ela serve-se de noções, sendo que algumas delas são objeto de estudos aprofundados nas ciências vizinhas: daí vem, então, a crítica que se faz às vezes à Geografia, a de viver de empréstimos, a de intervir indiscretamente no campo de outras ciências, como se houvesse compartimentos reservados no domínio da ciência. Na realidade, como veremos, a Geografia possui seu próprio campo. O essencial é considerar qual uso ela faz dos dados sobre os quais se exerce. Será que ela aplica métodos que lhe pertencem? Será que traz novos horizontes, de onde as coisas possam aparecer em perspectiva especial, que os mostra sob ângulo novo? Todo o problema é este que está aí. Na complexidade dos fenômenos que se entrecruzam na natureza não se deve ter uma única maneira de abordar o estudo dos fatos; é útil que sejam observados sob ângulos diferentes. (La Blache, 1982)

Indicação cultural

As montanhas da lua (*Mountains of the Moon*) é um filme lançado em 1990 (EUA), dirigido por Bob Rafelson. Conta a história de Richard Francis Burton e John Hanning Speke, dois capitães e geógrafos britânicos que, no século XIX, lançaram-se em uma jornada pela África, financiada pela Sociedade Geográfica Real em busca das nascentes do Rio Nilo. É interessante assistirmos para percebermos as características aventureiras e exploratórias da geografia do século XIX e seu uso a favor do imperialismo dos países europeus.

AS MONTANHAS da lua. Direção: Bob Rafelson. EUA: Carolco Pictures; IndieProd Company Productions; Zephyr Films, 1990. 136 min.

2

A crise da geografia tradicional, as abordagens humanistas e a renovação da geografia cultural

Até agora, você pôde compreender que a geografia tradicional se interessou pela cultura como um conjunto de utensílios, equipamentos e técnicas elaborado pelas pessoas para transformar o meio ambiente e também pela observação e análise das paisagens e das regiões. No entanto, esse interesse entrou em declínio a partir da década de 1950, diante da mecanização, da modernização e da uniformização das sociedades. Além disso, o pós-Segunda Guerra impôs a necessidade de reconstrução das cidades destruídas e de reestruturação das economias em crise, além de fomentar a descrença na figura do ser humano, causador de tamanha destruição e violência durante o conflito mundial. Todo esse cenário favoreceu o desenvolvimento da nova geografia. Porém, a excessiva abstração matemática dos estudos dessa área levou ao desenvolvimento da geografia crítica, à volta da abordagem da cultura na geografia e ao incremento da geografia humanista.

2.1 A crise da geografia tradicional e o desenvolvimento da nova geografia

Na conjuntura pós-Segunda Guerra, a ciência, de um modo geral, passou a ser influenciada por pensamentos sistêmicos **neopositivistas**, quantitativistas e econômicos (Claval, 2014) que se apresentavam como politicamente neutros. Os reflexos dessa influência na geografia fizeram que a pertinência dos fatos culturais para explicar a diversidade das distribuições humanas praticamente desaparecesse. A ideia de gênero de vida, comumente aplicada à descrição de comunidades tradicionais, não dava conta de explicar a rápida urbanização e a industrialização dos centros urbanos europeus e norte-americanos. Em seu lugar, desenvolveu-se a chamada *nova geografia*, que aceitou a existência de padrões (regularidades) na sociedade, assim como ocorre na natureza física. A nova geografia propunha uma geografia realmente científica, baseada em métodos dedutivos e modelos teóricos. Assim, a sociedade passou a ser entendida com base em uma complexa física social (Capel; Urteaga, 1984) e buscou-se na geografia a aplicação combinada de sistemas, modelos e estatísticas.

Nesse contexto, destacaram-se os trabalhos pioneiros de Walter Christaller (1893-1969), ainda na década de 1930, que foram retomados e se tornaram referência para a nova geografia. Sua "teoria dos lugares centrais" foi exposta na obra *Die zentralen Orte in Süddeutschland* (*Os lugares centrais no sul da Alemanha*, 1933). Os geógrafos que desenvolveram trabalhos nos anos de 1960 e 1970 com base em perspectivas neopositivistas mostraram-se obcecados por temas como o fator locacional de indústrias e a hierarquização urbana e suas redes (Capel; Urteaga, 1984).

No período em questão, a nova geografia foi criticada ao se considerar quatro perspectivas principais: 1) a adoção de um neopositivismo cientificista e reducionista; 2) o uso excessivo de técnicas quantitativas; 3) a utilização acrítica de um aparato teórico sem as bases epistemológicas necessárias; e 4) a adoção, como objeto de pesquisa, de um modelo excessivamente racionalista de ser humano, o chamado *homem econômico* (Amorim Filho, 1999). Esses julgamentos foram a base para o desenvolvimento da geografia crítica, da nova geografia cultural e da geografia humanista.

Apesar das críticas sofridas, a nova geografia foi reforçada nas três últimas décadas por novas gerações de geógrafos e não geógrafos dedicados à aplicação dos Sistemas de Informações

Geográficas (SIG), técnicas informacionais e computacionais de grande eficiência no tratamento e no mapeamento de informações quantitativas (Amorim Filho, 1999).

2.2 As alternativas à nova geografia

As críticas à nova geografia vieram tanto de pesquisadores que colocaram em prática os princípios neopositivistas e se desapontaram com suas realizações quanto de pesquisadores que nunca aceitaram tais princípios ou os colocaram em prática e sugeriram novas metodologias e filosofias (Johnston, 1986).

A partir da década de 1960, desenvolveu-se a geografia crítica ou "geografia nova". Em meio aos avanços tecnológicos e ao rápido desenvolvimento do capitalismo pela Europa e pelos Estados Unidos, questões sociais se tornaram evidentes, como a pobreza, a injustiça, a fome e a marginalização social, principalmente nos centros urbanos. Elas despertaram a atenção de geógrafos, que se posicionavam criticamente quanto à realidade social e à ordem constituída e propunham uma transformação dessa condição (Moraes, 2007). Se a nova geografia se apresentava como politicamente neutra, a geografia crítica assumia uma posição política de esquerda; em muitos casos, a retomada do marxismo e o historicismo se tornaram marcos teóricos válidos para abordar as questões sociais (Capel; Urteaga, 1984).

Um dos principais autores da primeira geração de geógrafos críticos a se destacar foi Yves Lacoste (1929-), com a obra *La Géographie, ça sert, d'abord, à faire la guerre* (*A geografia: isso serve, em primeiro lugar, para fazer a guerra*, 1976). Nesse período, no Brasil, destacou-se Milton Santos (1926-2001) e suas diversas obras de críticas à realidade social e econômica sob influência do capitalismo, como *Por uma geografia nova, O trabalho do geógrafo no Terceiro Mundo* (ambos de 1978) e *A urbanização desigual* (1980), entre muitas outras.

A retomada do marxismo também foi motivo de críticas na década de 1960 por parte de outros geógrafos, que discordavam tanto de aspectos da nova geografia quanto da geografia crítica. Com relação a essa última, as críticas também partiram de quatro perspectivas principais: 1) a excessiva estruturação, ou seja, os seres humanos determinados pelas estruturas sociais, econômicas e políticas; 2) a reificação de entidades abstratas, isto é, a transformação de modelos econômicos, relações sociais, entre outros, em objetos ("coisificação"); 3) o "economismo", ou seja, as categorias econômicas como determinantes do direcionamento da história; e 4) a dificuldade de compreender a relação entre os níveis teórico, empírico e experienciado (Amorim Filho, 1999).

Já outros geógrafos partiram de pressupostos da própria nova geografia na busca por modelos complementares e melhores, pois os existentes não eram considerados boas representações da realidade. A procura por esses modelos favoreceu o desenvolvimento da geografia comportamental, fundamentada em mecanismos sociais e psicológicos que consideravam o comportamento humano e sua implicação espacial como objetos pertencentes aos estudos do **behaviouralismo**. Nesse contexto, um dos pesquisadores mais influentes foi o sueco Torsten Hägerstrand (1916-2004) e sua *time geography* — geografia do tempo (Johnston, 1986).

Os curiosos estudos de Hägerstrand relacionavam o fator temporal ao comportamento humano no espaço e buscavam demonstrar o movimento de um indivíduo no ambiente com restrições colocadas a ele pelos seguintes fatores: autoridade (limitações de acesso a determinados espaços, impostas por seus proprietários); cooperação (interação entre indivíduos em determinado espaço para desempenhar tarefas); e capacidade (limitações no movimento do indivíduo baseadas em sua natureza) (Christofoletti, 1985). No entanto, apesar de seu aporte teórico comportamental, a abordagem desenvolvida por Hägerstrand favoreceu a percepção individual e a representação, facilitando, com isso, a introdução do humanismo na geografia, como veremos em breve. Após dedicar anos de sua carreira às abordagens quantitativas, o geógrafo sueco aproximou-se, em seus últimos trabalhos, de ideias subjetivas, como emoções e personificações.

Ainda com relação ao estudo do comportamento humano pela geografia, o geógrafo norte-americano Peter Gould (1932-2000) retomou em 1966 a expressão *mapa mental*, usada por Michael Wooldridge em seus estudos sobre ambientes agrários percebidos realizados na década anterior. Interessavam a Gould as representações das imagens mentais que as pessoas formulavam com base na percepção do espaço e suas relações com a qualidade do meio ambiente e as decisões locacionais. Em 1978, Roger M. Downs e James T. Meyer aprofundaram a ideia de mapeamento cognitivo de Gould e demonstraram que o comportamento humano é uma função do mundo percebido, o que deu origem à "geografia da percepção" (Johnston, 1986). Voltaremos a tratar dos mapas mentais no Capítulo 5, quando daremos ênfase às formas de representação na geografia.

Os trabalhos sobre imagens mentais da década de 1960 foram fortemente influenciados pelo livro *The Image of the City* (*A imagem da cidade*, 1960), do arquiteto norte-americano Kevin Lynch (1918-1984). Lynch desenvolveu nesse livro o conceito de "imaginabilidade", entendido como uma qualidade de dado objeto físico que lhe dá grande probabilidade de evocar uma forte imagem mental em um observador (Lynch, 1960). Assim, a imagem de uma cidade estaria organizada com base em elementos pessoais e, portanto, subjetivos, que mereceriam atenção e seriam significativos para explicar como as pessoas se relacionam com as cidades. Com isso, o pesquisador entendeu que as pessoas geralmente compreendem a cidade em que vivem de modo efetivo e previsível, formando imagens mentais com elementos presentes na paisagem urbana. A obra *A imagem da cidade* teve e ainda tem grande repercussão nos estudos de arquitetura e urbanismo, psicologia ambiental e geografia.

Os impactos tanto da geografia comportamental quanto da percepção na corrente principal do pensamento geográfico têm sido significativamente menores nas últimas três décadas; contudo, alguns trabalhos dessas geografias continuam sendo expressivos para o *design*, o planejamento urbano e, principalmente, para a educação ambiental (Goodey; Gold, 1986).

Houve ainda geógrafos fora do contexto neopositivista e crítico que propuseram filosofias alternativas com viés humanista. Em 1947, o geógrafo norte-americano John Kirtland Wright (1891-1969), então presidente da *Association of American Geographers* (AAG), fez um discurso encorajando os geógrafos a explorar as "terras incógnitas pessoais". A ideia de Wright era que os geógrafos abordassem a influência da subjetividade humana e os significados dos efeitos da mente nas pesquisas científicas. Para tanto, ele propôs a existência de uma "geosofia histórica", entendida como o estudo do conhecimento geográfico produzido por geógrafos e não geógrafos (Holzer, 2008). No entanto, as ideias de Wright não surtiram efeitos consideráveis na época, mas se tornaram importantes quando o colega britânico David Lowenthal (1923-), ex-aluno de Carl Sauer (1889-1975), retomou-as na década de 1960. Considerando essas ideias, Lowenthal concluiu que o mundo da experiência humana era extremamente restrito e por isso as pessoas viveriam em mundos pessoais influenciados pelos estereótipos das culturas às quais pertenceriam (Johnston, 1986).

Ainda mais descontextualizado quanto aos pensamentos predominantes da geografia dos anos de 1950 foi o livro *L'Homme et la Terre*: *nature de la réalité géographique* (*O homem e a Terra*: *natureza da realidade geográfica*, 1952), do geógrafo e professor francês Éric Dardel (1899-1967). A obra foi publicada originalmente como um capítulo sobre geografia da *Nouvelle Encyclopédie Philosophique* e não teve nenhuma repercussão entre os geógrafos do período. A proposta de Dardel era diferente de tudo até então e revelava características muito pessoais do autor, influenciadas por ideias de filósofos como Maurice Merleau-Ponty (1908-1961), Gaston Bachelard (1884-1962) e Martin Heidegger (1889-1976). Em seu pequeno livro, Dardel se opôs à redução da geografia a uma simples disciplina científica e questionou o conhecimento geográfico, sua finalidade e seu método em comparação ao modelo científico das ciências naturais. Para ele, a ciência geográfica deveria pressupor o conhecimento geográfico do mundo com base nas ligações existenciais das pessoas com a Terra (Dardel, 2011). Tais ligações poderiam ser teóricas, práticas, afetivas e simbólicas e definiriam uma "geograficidade".

A ideia de geograficidade prolongou a complexa linha de pensamento do filósofo **existencialista** alemão Martin Heidegger sobre o *Dasein* — termo do idioma alemão traduzido como ser-no-mundo (Besse, 2011). Em sua filosofia, Heidegger considerou o *Dasein* como uma totalidade em que o ser, o espaço e o tempo estariam indissoluvelmente ligados, como uma ontologia. Podemos entender *Dasein* como "habitar", ou seja, o ser humano habitando a Terra, o que implica um conjunto de fenômenos que são mediados pelas ações e pelo querer humano. Assim, a própria existência humana estaria fundada no habitar, que marcaria, demarcaria e transformaria o espaço em determinado tempo (Marandola Júnior, 2012).

Outro geógrafo fora do contexto neopositivista e crítico foi o britânico William Kirk (1921-1987), que, na década de 1950, preocupou-se em estudar a relação entre o comportamento de grupos humanos e o ambiente, a qual chamou de *behavioural environment* (ambiente comportamental). Para ele, os recursos físicos do ambiente poderiam adquirir valores e potencialidades que atrairiam ou repeliriam a ação humana. Com essa ideia, o pesquisador foi um dos pioneiros da percepção ambiental (Claval, 2014). Kirk, assim como Wright, Dardel e Lowenthal, não era membro de nenhuma escola geográfica importante do começo da década de 1960 e, por isso, seus trabalhos tiveram pouca ou nenhuma influência sobre o início da geografia comportamental (Johnston, 1986). No entanto, suas ideias influenciaram a renovação da geografia cultural e o desenvolvimento da geografia humanista a partir de 1970, como veremos a seguir.

2.3 As abordagens humanistas e a renovação da geografia cultural

Até este ponto, você viu que o interesse pelo estudo da cultura na geografia entrou em declínio com o avanço da nova geografia e da geografia crítica após o fim da Segunda Guerra Mundial. Algumas tentativas de abordar a cultura e a subjetividade humana foram encobertas pelo contexto científico da época. A partir de agora, você compreenderá que foi durante a década de 1970, sobretudo, que a análise geográfica da cultura se renovou, em virtude da contribuição de propostas com vieses humanistas e da redescoberta de geógrafos cujos trabalhos não haviam recebido a devida atenção até então.

O contexto social das décadas de 1960 e 1970 na América do Norte e na Europa foi marcado pela Guerra do Vietnã e pela ascensão dos movimentos sociais de **contracultura**, como o *hippie*, o *New Left* e o ambientalismo. Apesar de diferentes, esses movimentos se opunham ao modo de desenvolvimento global em vigor na época, baseado em uma perspectiva de crescimento econômico contínuo, na manipulação tecnológica da natureza e da sociedade e na exploração dos recursos naturais como se fossem inesgotáveis.

No âmbito das ciências sociais, mudanças epistemológicas significativas ocorreram nessas décadas. As principais responsáveis por essas mudanças foram a revisão e a inserção de propostas humanistas nos meios científicos — sobretudo o **idealismo** e a **fenomenologia** — e a preocupação com a filosofia da linguagem, esta de caráter **estruturalista** e **pós-estruturalista** (na década de 1960 ocorreu a chamada *virada linguística*, quando as ciências humanas reconheceram a importância da linguagem como agente estruturador da realidade). Tais mudanças foram motivadas pela crítica aos meios científicos dominantes, que apresentavam trabalhos excessivamente abstratos ou economicistas e minimizavam a importância das pessoas diante de modelos teóricos "perfeitos" ou de estruturas econômicas capitalistas.

Nesse campo, destacaram-se diversos pesquisadores, como o **etnólogo** Clifford Geertz (1926-2006) e suas pesquisas com descrições densas de populações e interpretação da cultura por meio da **semiótica**; o sociólogo Roland Barthes (1915-1980) e suas análises envolvendo a semiótica em revistas e propagandas; os pesquisadores da segunda geração da Escola de Frankfurt, sobretudo

Jürgen Habermas (1929-) e seus estudos a respeito da modernidade e da racionalidade comunicativa; o filósofo e historiador Michel Foucault (1926-1984) e seus estudos sobre poder, conhecimento e instituições; o filósofo Jacques Derrida (1930-2004) e sua teoria da desconstrução filosófica, entendida como a crítica dos pressupostos filosóficos; o historiador e filósofo Mircea Eliade (1907-1986), importante estudioso dos mitos e renovador dos estudos de história das religiões; o sociólogo Pierre Bourdieu (1930-2002) e suas pesquisas sobre estruturas sociais, arte, linguística e educação; e o sociólogo Erving Goffman (1922-1982) e sua abordagem sobre as representações sociais e o interacionismo simbólico.

Tais mudanças sociais e científicas influenciaram diretamente a geografia e proporcionaram a retomada e a renovação da abordagem cultural a partir dos anos de 1970, sobretudo como forma de criticar as ideias da nova geografia e se opor a elas. Para tanto, geógrafos culturais, comportamentais, da percepção e até mesmo críticos, principalmente da América do Norte, do Reino Unido e da França, encontraram nas ideias humanistas uma alternativa teórica de modo a colocar o ser humano no centro das pesquisas. No entanto, as referências utilizadas por esses geógrafos não eram as mesmas e envolviam muitas vezes matrizes de pensamentos contrastantes, como o idealismo, o marxismo comum nas geografias crítica e social, o existencialismo, o interacionismo simbólico, a hermenêutica e a fenomenologia. Essa combinação desigual de referências gerou inúmeros debates internos em torno de conceitos como o de cultura — que, de um modo geral, passou a ser compreendido como um reflexo, uma mediação e uma condição social a ser explicada (Corrêa, 2011; Corrêa; Rosendahl, 2007). Foi nesse cenário complexo e diversificado que a geografia cultural se renovou — passando a ser chamada de *nova geografia cultural* — e a geografia humanista se desenvolveu.

A diferenciação quanto às origens e às propostas da nova geografia cultural e da geografia humanista ainda é confusa entre os pesquisadores da área e não há uma definição exata desse ponto. No Brasil, é comum o uso da expressão *geografia humanista cultural*, como se existisse apenas uma. Claval (2014) considera a inserção da fenomenologia e de ideias críticas como fundamental para a renovação da geografia cultural, o que resultou na geografia humanista. Já Holzer (2008) entende o incremento da geografia humanista com base na renovação da geografia cultural tradicional, sobretudo a desenvolvida por Carl Sauer, a partir da entrada da fenomenologia e do existencialismo. Ainda, Capel (1981) atribui aos estudos da geografia comportamental e da percepção, modificados pela apropriação de ideias filosóficas humanistas e historicistas, as bases para o desenvolvimento da geografia humanista. Apesar das divergências, esses autores parecem concordar em um ponto: a renovação da geografia cultural e o desenvolvimento da geografia humanista só foram possíveis em decorrência, sobretudo, do uso de ideias fenomenológicas.

Para evitar outra confusão a partir de agora, convém fazer um breve comentário para discutir o uso, principalmente no Brasil, das expressões *geografia humanista* e *geografia humanística*. Holzer (1992) apresentou em sua dissertação uma explicação para essas expressões. Para ele, a expressão *humanística* advém da tradução do inglês *humanistic*, o que é inadequado, pois, assim, a tradução teria caráter adjetivo e até mesmo caricato. De outro modo, a expressão *humanista* demonstra mais adequadamente a diferenciação da geografia neopositivista ao se referir ao movimento humanista filosófico e aos estudos das humanidades. Desse modo, neste livro, optamos pelo uso apenas da expressão *geografia humanista*.

Inseridos no contexto de renovação da geografia cultural e de desenvolvimento da geografia humanista, geógrafos culturais como Denis Cosgrove (1948-2008) retomaram e reinterpretaram os trabalhos da tradicional Escola de Berkeley, especialmente de Carl Sauer, e aproximaram elementos humanistas e marxistas para compreender os significados e os valores contidos nas paisagens. Essa aproximação de temáticas contribuiu para direcionar a nova geografia cultural para questões sociais, como cultura contemporânea, consumismo, globalização, sociedades urbanas, gênero e sexualidade, identidade, racismo, ideologias, poder, linguagem e mídias. Já geógrafos humanistas, como Richard Harris (1952-) e Leonard Guelke, aproximaram-se da história e do idealismo para explicar a ação humana de acordo com pensamentos racionais. Outros humanistas, por sua vez, como o canadense Edward Relph (1944-), o norte-americano J. Nicholas Entrikin (1947-), o sino-americano Yi-Fu Tuan (1930-) e a irlandesa Anne Buttimer (1938-), aproximaram-se da fenomenologia.

A partir de agora, abordaremos a inserção da fenomenologia na geografia de modo mais aprofundado. Diante do idealismo, a fenomenologia chamou mais atenção dos geógrafos e rapidamente ganhou destaque entre eles. O desenvolvimento da fenomenologia moderna está associado ao filósofo alemão Edmund Husserl (1859-1938), mas ela não se caracterizou como um método único. Todo o pensamento de Husserl foi retomado, aprofundado ou modificado por seus sucessores, sobretudo na Alemanha — principalmente por Heidegger — e na França — por Jean-Paul Sartre e Maurice Merleau-Ponty. Embora a definição de *fenomenologia* como o retorno às coisas da maneira como elas se apresentam diretamente à consciência humana seja a mais difundida pelos dicionários filosóficos, existem variações do método fenomenológico. Provavelmente a alternativa que melhor serviu à geografia humanista foi a de Merleau-Ponty, justamente por sua clara abordagem fenomenológica do espaço, na qual ganham destaque a experiência, a vivência e a percepção espacial (Amorim Filho, 1999).

Em seu clássico livro *Phénoménologie de la perception* (*Fenomenologia da percepção*, 1945), Merleau-Ponty aprofundou sua abordagem espacial ao compreender o mundo como o campo da existência humana e os sentidos corpóreos como comunicação essencial entre os seres humanos e o mundo. Nas palavras do autor, "O sentir é esta comunicação vital com o mundo que o torna presente para nós como lugar familiar de nossa vida" (Merleau-Ponty, 1999, p. 84). Assim, de um modo geral, na geografia humanista a fenomenologia diz respeito ao mundo dos fenômenos, cujos conteúdos são únicos e atribuídos pelos indivíduos. A partir disso, podemos entender que não há um mundo objetivo, independente da existência humana (Johnston, 1986). Essa ideia, de mundo como fundamento da existência humana, influenciou o pensamento pioneiro na geografia de Éric Dardel e também as pesquisas posteriores de Edward Relph, Yi-Fu Tuan, entre outros, como veremos a seguir.

Foi Edward Relph quem sugeriu a aplicação da fenomenologia como suporte filosófico capaz de unir os geógrafos interessados nos aspectos subjetivos da relação entre as pessoas e o espaço. Relph defendeu em 1973 a tese *The Phenomenon of Place* (*O fenômeno do lugar*), que deu origem ao livro *Place and Placelessness* (*Lugares e deslugares*, 1976). O autor buscou diferenciar as experiências humanas do espaço e do lugar e compreendeu esse último como um espaço carregado de significados atribuídos pelas pessoas durante sua existência. A ideia contrária, ou seja, um espaço sem significados e identidades, Relph denominou *placeless* (deslugar). Os deslugares seriam produtos da crescente ausência do senso de lugar do *design* moderno. Desde a publicação de

Place and Placelessness, o lugar passou a receber maior importância nos estudos da geografia humana. Para a discussão a respeito do lugar, Relph resgatou a perspectiva existencialista e fenomenológica da obra *O homem e a Terra*, até então esquecida, de Éric Dardel (Holzer, 2011).

As pesquisas de Relph foram seguidas pelas de Yi-Fu Tuan, geógrafo de destaque atualmente no Brasil. Com base nas obras do filósofo Bachelard e de Merleau-Ponty, Tuan propôs uma geografia empenhada no estudo da afeição das pessoas pelo espaço, o que ficou conhecido por *topofilia*. Essa ciência se dedicaria ao estudo das experiências e da percepção ambiental. Assim como Relph, Tuan destinou sua atenção aos estudos do espaço e do lugar, sendo este considerado produto da experiência humana do espaço — o que consta em seu livro *Space and Place: the Perspective of Experience* (*Espaço e lugar: a perspectiva da experiência*, 1977). Além de ao lugar, o autor atribuiu importância ao conceito de paisagem ao entendê-la como uma construção mental e uma entidade física mensurável, como se nota em seu livro *Landscapes of Fear* (*Paisagens do medo*, 1979) (Tuan, 2006).

Independentemente das pesquisas fenomenológicas realizadas pelos geógrafos anglo-saxões, na França, nas décadas de 1960 e 1970, foram desenvolvidos estudos interessantes, com base nos conceitos de "espaço vivido" e lugar, baseados na geografia tradicional de Paul Vidal de La Blache (1845-1918). Um dos principais pesquisadores desse assunto foi Armand Frémont (1933-), que, em seu livro *La région, espace vécu* (*A região, espaço vivido*, 1976), procurou demonstrar como os integrantes da população da Normandia vivenciavam de maneira distinta sua província. O conceito de espaço vivido fez sucesso entre os geógrafos franceses, pois era de fácil compreensão e possibilitava a utilização de uma gama de abordagens metodológicas, como fontes literárias ou pictóricas, de testemunhos biográficos e, até mesmo, de correspondências privadas. Da ideia de espaço vivido se desenvolveram duas orientações importantes: a atenção ao modo como as pessoas se exprimem e a consciência da significação especial que adquire a experiência dos lugares para aqueles que os habitam. Apesar de não constituir uma teorização sistemática, a abordagem do espaço vivido foi importante para os geógrafos humanos franceses da década de 1980. Além disso, essa abordagem aproximou a geografia francesa da fenomenologia e fez que as obras de Heidegger e Dardel fossem, enfim, lidas (Claval, 2003; 2014).

2.4 As geografias humanista e cultural no Brasil

A geografia acadêmica brasileira teve sua origem na década de 1930 com a criação de cursos nos estados de São Paulo, Rio de Janeiro e Paraná e refletia as correntes tradicionais da geografia, principalmente a francesa. Nesse período, destacaram-se geógrafos franceses como Pierre Deffontaines (1894-1978) e Pierre Monbeig (1908-1987), professores da Universidade de São Paulo. No Paraná, há destaque para Reinhard Maack (1892-1969), professor e geógrafo alemão de formação naturalista que atuou na então Universidade do Paraná.

Essa formação tradicional refletiu na geografia brasileira até meados dos anos de 1970, quando três linhas passaram a se destacar: a ainda ligada à tradição francesa, a nova geografia e a geografia crítica. A diversidade cultural brasileira, assim como seu dinamismo, somada à quantidade de geógrafos existentes no país e às redes estabelecidas com geógrafos norte-americanos e europeus, contribuiu para o aumento do interesse pela dimensão cultural e humanista do espaço (Corrêa; Rosendahl, 2005).

Como correntes específicas, a geografia humanista e a cultural passaram a se desenvolver no Brasil a partir da década de 1980. No entanto, as preocupações culturais estão presentes na maioria dos estudos publicados no país desde a década de 1930.

De modo pioneiro, a professora Lívia de Oliveira, da Universidade Estadual Paulista (Unesp) de Rio Claro, traduziu nos anos de 1980 os livros *Topophilia: a Study of Environmental Perception, Attitudes and Values* (*Topofilia: um estudo da percepção, atitudes e valores do meio ambiente*, 1974) e *Space and Place* (*Espaço e lugar*, 1983)*, de Yi-Fu Tuan, o que contribuiu de modo efetivo para os estudos culturais e humanistas na geografia brasileira. Além dela, há destaque também para o professor Lineu Bley, da Universidade Federal do Paraná (UFPR), e sua dissertação *Percepção do espaço urbano: o centro de Curitiba* (defendida em 1982 na Unesp de Rio Claro).

Atualmente, os estudos das geografias humanista e cultural no Brasil se desenvolvem, principalmente, em núcleos de pesquisadores. Em 1993, foi criado pela professora Zeny Rosendahl, no Departamento de Geografia da Universidade Federal do Rio de Janeiro (UFRJ), o Núcleo de Estudos e Pesquisas sobre Espaço e Cultura (Nepec), cuja proposta é produzir e difundir a geografia cultural no Brasil considerando três direções: relação entre espaço e religião, espaço e simbolismo e cultura popular. Atualmente, o Nepec é coordenado por Rosendahl e por Roberto Lobato Corrêa (Corrêa; Rosendahl, 2005).

O Núcleo de Estudos em Espaço e Representações (Neer) foi criado na UFPR em 2004 pelos professores Dario de Araújo Lima (da Universidade Federal do Rio Grande – Furg), Sylvio Fausto Gil Filho e Salete Kozel (ambos da UFPR). Atualmente, o Neer constitui uma rede que articula projetos e grupos de pesquisa de 20 universidades brasileiras. As temáticas de pesquisa do núcleo abrangem: nova geografia cultural, geografia humanista, estudos de percepção e cognição em geografia, geografia das representações, geografia social, geografia da religião, geografia escolar, representações e ensino, teoria e método na geografia cultural e social (Neer, 2015).

Em 2008, foi criado, na Universidade Federal Fluminense (UFF), o Grupo de Pesquisa Geografia Humanista Cultural (Ghum), coordenado pelos professores Lívia de Oliveira (Unesp) e Werther Holzer (UFF). Esse grupo tem por objetivo investigar epistemológica e ontologicamente os significados das matrizes da geografia humanista cultural e suas repercussões para a geografia contemporânea (Ghum, 2015).

Essa diversidade de temáticas sugere ao geógrafo brasileiro interessado pelas abordagens cultural e humanista um vasto campo de trabalho e também um grande desafio. A gigantesca diversidade cultural brasileira, em especial considerando os avanços econômicos, técnicos e tecnológicos frutos da globalização; as questões sociais nos campos e nas cidades; o choque com outras culturas e os movimentos de contracultura; além das mudanças da mentalidade das pessoas, resultante desses processos, são apenas alguns dos elementos que desafiam o trabalho do geógrafo cultural e humanista atualmente.

2.5 As geografias humanista e cultural na atualidade

Apesar das discussões a respeito das diferenças entre a nova geografia cultural e a geografia humanista, sabe-se que elas contribuíram para colocar os seres humanos no centro das pesquisas geográficas. Com isso, essas geografias passaram a se preocupar com as experiências que as pessoas têm da Terra, da natureza e do ambiente em geral. Além disso, buscam compreender a maneira como as pessoas modelam e respondem ao ambiente de acordo com suas necessidades, seus gostos e suas aspirações e como se definem, constroem suas identidades e se realizam (Claval, 1997).

Por essa perspectiva, Claval (1997) identificou três dimensões principais de análise geográfica da cultura atual:

1. **Dimensão cultural**: Parte das sensações e das representações humanas e utiliza como fundamento a corporeidade, ou seja, o movimento do corpo humano e a experiência direta do espaço. Isso fornece aos sentidos sensações que são transformadas em imagens mentais. Ao se referir a sentidos, no plural, são possíveis abordagens geográficas além da percepção visual, como os ambientes sonoros (**paisagem sonora**) e as paisagens olfativas. Quanto às representações, estas são entendidas como o universo mental que se interpõe entre as sensações e as imagens mentais construídas que permitem apreender o real.

2. **Dimensão coletiva**: Está relacionada à cultura com base na comunicação. Compreende a cultura como um conjunto de informações transmitidas entre indivíduos e gerações e que lhes permite agir. A escala de análise da cultura nesse caso é o local, onde ocorrem interações, trocas e comunicação entre

pessoas e círculos sociais. Tais estudos foram possibilitados pela inserção da filosofia da linguagem nos estudos humanistas, impulsionada pela *virada linguística*.

3. **Dimensão individual**: Relacionada à cultura como forjadora de identidades. Pode-se compreender a cultura, nesse caso, como o resultado de um processo de construção desenvolvido pelos indivíduos e que serve para dar sentido a suas existências e à dos grupos de que fazem parte. Para tanto, a cultura incorpora valores que, ao serem interiorizados pelas pessoas, conferem identidade e *status* ao grupo. Desse modo, a geografia cultural torna-se fundamental para compreender a arquitetura das relações estabelecidas nos grupos sociais.

Síntese

Neste capítulo, você pôde compreender que, com o declínio da geografia tradicional no pós-Segunda Guerra Mundial, emergiu a chamada *nova geografia*, que usou modelos matemáticos e dados estatísticos inspirados pelo neopositivismo. Os trabalhos da nova geografia foram considerados por alguns geógrafos de diferentes campos como excessivamente abstratos para tentar explicar a realidade. Em oposição a essa geografia, a partir da década de 1960, desenvolveu-se a geografia crítica, que resgatou a teoria marxista e o historicismo com o propósito de compreender as transformações sociais motivadas pelo capitalismo e renegadas até então pela nova geografia.

Alternativas a essas duas vertentes da geografia se desenvolveram entre os anos de 1950 e 1960, mas não conseguiram se destacar em meio ao contexto desse período. Foi o caso da geografia comportamental e da percepção e de estudos como a geografia existencialista de Éric Dardel. No entanto, esses trabalhos foram significativos para a renovação da geografia cultural e para o desenvolvimento da geografia humanista a partir da década de 1970.

As geografias humanista e cultural renovada emergiram nos anos de 1970 como alternativas aos estudos considerados excessivamente abstratos e economicistas da nova geografia e da geografia crítica e colocaram o ser humano como centro das investigações. O interesse pela cultura também foi renovado nesse contexto. No entanto, não há consenso entre pesquisadores a respeito das diferenças quanto às origens e às propostas da nova geografia cultural e da geografia humanista. Sabemos que as abordagens realizadas por essas duas vertentes ainda mesclam pensamentos distintos e, até mesmo, antagônicos entre os próprios pesquisadores. As propostas da fenomenologia foram as que melhor se adequaram a elas, o que possibilitou novas abordagens de conceitos, como espaço, lugar e paisagem, realizadas por autores como Denis Cosgrove, Edward Relph, Yi-Fu Tuan e Anne Buttimer.

No Brasil, tanto a geografia humanista quanto a nova geografia cultural se desenvolveram a partir dos anos de 1980 com os trabalhos da professora Lívia de Oliveira. Atualmente, os principais estudos dessas vertentes são realizados em núcleos e grupos que reúnem pesquisadores de universidades distintas do país.

De um modo geral, tanto a nova geografia cultural quanto a geografia humanista contribuíram para colocar os seres humanos e suas experiências no centro das pesquisas. Há hoje três dimensões de estudos nessas duas geografias: a dimensão cultural, que parte das sensações e das representações humanas; a dimensão coletiva da cultura com base na comunicação; e a dimensão individual da cultura como forjadora de identidades.

Por fim, observe o diagrama a seguir (Figura 2.1), que sintetiza e relaciona as principais vertentes e suas respectivas influências comuns à geografia a partir da década de 1950.

Figura 2.1 - Principais vertentes da geografia a partir da década de 1950

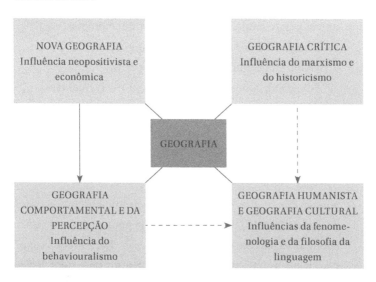

Atividades de autoavaliação

1. Os trabalhos desenvolvidos pela nova geografia sofreram duras críticas por parte de geógrafos da própria vertente e também externos a ela. De um modo geral, pode-se afirmar que esses trabalhos eram:
   a) excessivamente críticos da realidade local e politizados.
   b) pouco específicos quanto ao método utilizado em suas análises espaciais.

c) excessivamente abstratos e pouco aplicáveis na realidade.

d) fundamentalmente subjetivos, já que consideravam as experiências espaciais das pessoas.

2. Nas décadas de 1960 e 1970, determinadas alternativas à nova geografia se desenvolveram, até mesmo algumas sem muito sucesso. Analise os itens a seguir e assinale a alternativa que apresenta de modo correto esses acontecimentos:

I. Geografia crítica e geografia da percepção.

II. Geografia tradicional e geografia nova.

III. Geografia comportamental e geografia humanista.

a) Somente o item II está correto.

b) Somente os itens I e II estão corretos.

c) Somente o item III está correto.

d) Somente os itens I e III estão corretos.

3. A geografia humanista se desenvolveu inicialmente na década de 1970, a partir de uma mescla de pensamentos diversos e muitas vezes contrastantes. Analise as alternativas a seguir e assinale aquela que apresenta corretamente dois desses pensamentos:

a) Positivismo e naturalismo.

b) Fenomenologia e neopositivismo.

c) Fenomenologia e idealismo.

d) Neopositivismo e materialismo histórico e dialético.

4. Analise as afirmativas a seguir e assinale aquela que contém apenas geógrafos diretamente relacionados à nova geografia cultural e/ou à geografia humanista:

a) Edward Relph, Yi-Fu Tuan e Denis Cosgrove.

b) Torsten Hägerstrand, Milton Santos e Walter Christaller.

c) Yves Lacoste, Yi-Fu Tuan e Anne Buttimer.

d) Denis Cosgrove, Armand Frémont e Walter Christaller.

5. Leia e analise os itens a seguir, que apresentam elementos pertencentes às dimensões da análise geográfica da cultura atualmente:

I. A comunicação e as identidades individuais e coletivas.

II. Modelos matemáticos e representações humanas.

III. A experiência direta do espaço e os fatores de localização das indústrias.

Assinale a alternativa correta:

a) Somente o item III está correto.

b) Somente o item I está correto.

c) Somente os itens I e II estão corretos.

d) Todos os itens estão corretos.

Atividades de aprendizagem

Questões para reflexão

1. Leia o trecho a seguir, do livro *Topofilia* (1974), de Yi-Fu Tuan:

> A superfície da Terra é extremamente variada. Mesmo com um conhecimento causal, sua geografia física e a abundância de formas de vida muito nos dizem. Mas são mais variadas as maneiras como as pessoas percebem e avaliam essa superfície. Duas pessoas não veem a mesma realidade. Nem dois grupos sociais fazem exatamente a mesma avaliação do meio ambiente. (Tuan, 2012, p. 21)

Agora, pesquise ao menos três locais da superfície terrestre (por exemplo, o Monte Fuji, o Rio Ganges e a Floresta de Pokaini) e seus significados para as culturas locais. Por fim, reflita a respeito dos motivos que levam as pessoas a atribuir significados diversos a esses locais.

2. O texto a seguir é um trecho da obra clássica *O homem e a Terra*, de Éric Dardel. Leia-o, analise-o e responda às questões relacionadas na sequência:

> O espaço geométrico é homogêneo, uniforme, neutro. Planície ou montanha, oceano ou selva equatorial, o espaço geográfico é feito de espaços diferenciados. O relevo, o céu, a flora, a mão do homem dá a cada lugar uma singularidade em seu aspecto. O espaço geográfico é único; ele tem nome próprio: Paris, Champagne, Saara, Mediterrâneo.
>
> A geometria opera sobre um espaço abstrato, vazio de todo o conteúdo, disponível para todas as combinações. O espaço geográfico tem um horizonte, uma modelagem, cor, densidade. Ele é sólido, líquido ou aéreo, largo ou estreito: ele limita e resiste.
>
> A geografia é, segundo a etimologia, a "descrição" da Terra; mais rigorosamente, o termo grego sugere que a Terra é um *texto* a decifrar, que o desenho da costa, os recortes da montanha, as sinuosidades dos rios, formam os signos desse texto. O conhecimento geográfico tem por objetivo esclarecer esses signos, isso que a Terra revela ao homem sobre sua

condição humana e seu destino. (Dardel, 2011, p. 2, grifo do original)

a) Apresente dois argumentos de Dardel expostos no texto e que se opõem às ideias da nova geografia.

b) Considerando as ideias do texto, diferencie *espaço geométrico* de *espaço geográfico*.

c) Com base em seus conhecimentos e na leitura do texto, explique o sentido da frase: "A geografia é, segundo a etimologia, a 'descrição' da Terra; mais rigorosamente, o termo grego sugere que a Terra é um *texto* a decifrar, que o desenho da costa, os recortes da montanha, as sinuosidades dos rios, formam os signos desse texto.".

Atividade aplicada: prática

Leia o trecho a seguir, do livro *A imagem da cidade* (1960), de Kevin Lynch, e converse com seus amigos, colegas de trabalho ou familiares sobre impressões a respeito de um espaço específico de sua cidade, como uma praça central. Atente para a provável diversidade de informações, experiências, valores e lembranças que surgirão com as conversas. Por fim, reflita sobre essa diversidade e a ligação dela com as experiências de cada pessoa em relação ao espaço e associe com o que você estudou neste capítulo.

A cada instante há mais do que a vista alcança, mais do que o ouvido pode ouvir, uma composição ou um cenário à espera de ser analisado. Nada se conhece em si próprio, mas em relação ao seu meio ambiente, à cadeia precedente de acontecimentos, à recordação de experiências passadas [...]. Todo cidadão possui numerosas relações com algumas partes da sua cidade e a sua imagem está impregnada de memórias e significações. (Lynch, 1960, p. 11)

Indicações culturais

Encontro com Milton Santos: o mundo global visto do lado de cá é um documentário brasileiro lançado em 2006 e dirigido por Silvio Tendler. Aborda a globalização, seus efeitos e suas crises, a sociedade de consumo, o território e as barreiras simbólicas impostas pelo capitalismo, o papel das mídias e a construção de um novo mundo com base no pensamento de um grande geógrafo crítico brasileiro.

ENCONTRO com Milton Santos: o mundo global visto do lado de cá. Direção: Silvio Tendler. Rio de Janeiro: Caliban Produções Cinematográficas, 2006. 89 min.

Janelas da alma é um documentário brasileiro dirigido por João Jardim e Walter Carvalho, lançado em 2001. Retrata histórias de 19 pessoas com diferentes graus de deficiência visual, da miopia discreta à cegueira total, que falam sobre como se veem, como veem os outros e como percebem o mundo ao redor.

JANELAS da alma. Direção: João Jardim e Walter Carvalho. Rio de Janeiro: Copacabana Filmes; Ravina Filmes, 2001. 73 min.

3
Conceitos básicos

No capítulo anterior, estudamos um pouco a história da origem da geografia moderna, o desenvolvimento da geografia humanista e a abordagem da cultura por essa ciência. Neste capítulo, veremos alguns conceitos básicos pertinentes ao estudo das geografias humanista e cultural. O capítulo se divide em três partes: na primeira, abordaremos a ideia de cultura e natureza trabalhada por importantes cientistas, um pouco sobre a antropologia, as culturas material e imaterial (com suas principais características) e como a geografia se apropria da análise da construção do mundo natural por meio da história; na segunda parte, trabalharemos os conceitos de paisagem e lugar, mostrando como se deram os primeiros registros e percepções das paisagens e a importância dos lugares na construção dessas percepções; na terceira e última parte, caracterizaremos o território e a representação com suas imbricações na formação das várias identidades que compõem as culturas da humanidade.

3.1 Cultura e natureza

Normalmente, quando falamos em *cultura*, tratamos o assunto de forma superficial quando fazemos menção a características ligadas a vestimentas ou, no máximo, ao idioma falado por um povo. Um uso indevido do conceito de cultura vem atrelado, por exemplo, ao sentido de *conhecimento*; uma pessoa com cultura seria aquela detentora de muitas informações, erudita, portadora de títulos.

A palavra *cultura* tem origem latina (do verbo *colere*, que significa "cultivar") e seu significado está relacionado a atividades agrícolas. Antigos pensadores ampliaram esse conceito até o ponto de ele adquirir sua complexidade atual. Assim, o termo está ligado à distinção entre o humano e o animal (Sarde Neto, 2013).

O antropólogo Clifford Geertz (1926-2006), assim como Max Weber, defende o conceito de cultura **semiótica**. "O homem é um animal amarrado em teias de significados que ele mesmo teceu e assumiu a cultura como sendo essas teias e suas análises; portanto não como uma ciência experimental em busca de leis, mas como uma ciência interpretativa, à procura do significado" (Geertz, 1989, p. 15).

A cultura pode ser definida como a soma dos comportamentos, dos saberes, das técnicas, dos conhecimentos e dos valores acumulados pelos indivíduos durante a vida e, em outra escala, pelo conjunto dos grupos de que fazem parte (Claval, 2014). Ainda:

> A cultura é a herança transmitida de uma geração à outra. Tem suas raízes num passado longínquo, que mergulha no território onde seus mortos são enterrados e onde seus deuses se manifestam. Não é, portanto, um conjunto fechado e imutável de técnicas e comportamentos. Os contatos entre povos de diferentes culturas são algumas vezes conflitantes, mas constituem uma fonte de enriquecimento mútuo. (Claval, 2014, p. 71)

O foco cultural da geografia está relacionado à maneira como as realidades são percebidas e sentidas pelos homens. Na sociologia, *cultura* seria a união de todos os aspectos sociais das pessoas, sendo todos os elementos que compõem uma sociedade em seus aspectos tanto materiais quanto imateriais. Temos como principais elementos constituintes da cultura a forma como as pessoas se alimentam, suas estéticas, suas economias, suas religiões, sua política etc.

Os aspectos materiais de uma sociedade seriam caracterizados por objetos e gestos usados pelas pessoas no cotidiano (tipos de habitação, utensílios, ferramentas, entre outros). A cultura atribui a esses objetos determinados aspectos imateriais, que seriam seus significados. Para compreender melhor, é importante identificarmos esses significados nas várias culturas e religiões, pois cada um desses objetos tem um significado diferente dependendo do agrupamento humano que o reconhece. Como exemplo disso, os adeptos das religiões afro-brasileiras se utilizam das **guias**, que carregam um significado, uma carga sobrenatural e extraordinária que representa as influências dos **orixás**. Um totem indígena simboliza a ligação entre determinada etnia e seus deuses e o mundo sobrenatural. O totem tem para aquela cultura um significado especial, muito maior do que para qualquer pessoa que veja aquele objeto fora daquele grupo.

Todos os seres humanos, independentemente de tempo histórico e localização geográfica, precisam se alimentar, porém a maneira como essas pessoas se alimentam varia de acordo com cada povo. Determinadas culturas utilizam talheres e outras, palitos ou as mãos. Algumas culturas indicam proibições alimentares, por exemplo, os judeus e os muçulmanos não comem carne de porco, os hindus não comem carne de vaca — são formas de alimentação baseadas na cultura. O modo como o alimento é adquirido também é influenciado pela cultura.

O **padrão estético** representa aquilo que é considerado bonito ou feio em determinada sociedade — são os padrões de beleza, que classificam o que é repulsivo ou atraente variando de cultura para cultura. Na economia, cada sociedade se organiza de acordo com seu processo histórico — a economia é um reflexo dessas experiência. As várias sociedades podem ter economias de mercado, de subsistência, de troca, monetárias etc. Os **sistemas políticos** diferem dependendo da forma como as relações de poder são estabelecidas de cultura para cultura, podendo configurar-se como democracia, ditadura, teocracia, monarquia, parlamentarismo, entre outros sistemas.

A cultura na **religiosidade** se manifesta na forma como as pessoas se relacionam com o desconhecido, como encaram a morte e a existência de vida após a morte. Em muitas culturas, a morte é celebrada como a vida vivida pelo indivíduo que acabou de morrer. Na cultura judaico-cristã, a morte é encarada de forma diferente, com luto, pesar e sofrimento. As respostas variam de acordo com a cultura do grupo que está vivendo a situação.

Cada cultura tem sua resposta para os diferentes elementos que a compõem. A cultura seria uma resposta dos grupos humanos a determinadas necessidades específicas do meio físico do qual fazem parte. Para sobreviver no local onde estão inseridas, as pessoas produzem respostas para facilitar a própria sobrevivência na natureza. Entre os esquimós que vivem no Polo Norte, por exemplo, é possível identificar, nas residências (iglus), nas vestimentas e na alimentação as respostas que encontraram para resistir em um meio extremamente hostil à existência humana.

Os indivíduos agrupam-se para conviver de uma forma mais fácil, pela sobrevivência. Para tanto, interagem com a natureza, em uma relação que permite sua sobrevivência em determinado meio físico. Na filosofia, a natureza tem lugar importante — seu estudo é conhecido como *filosofia natural* ou *da natureza* e trata das causas e dos princípios do mundo natural, tendo como objeto de estudo o Ser das coisas e a essência das coisas corpóreas.

Na Antiguidade, o ser humano tentou explicar a natureza e seus fenômenos; para tanto, criou os mitos, e aquilo que não era possível explicar passou a ser compreendido como obra divina. Assim, a terra e as forças da natureza eram consideradas como sendo administradas por deuses.

As ciências da natureza baseadas em observações sistemáticas tiveram origem entre os filósofos gregos que não acreditavam que as coisas do mundo eram criadas por deuses. Mais tarde, a desagregação do feudalismo e o surgimento da Revolução Industrial e suas consequências no neocolonialismo criaram um cenário propício para o desenvolvimento das ciências sociais com o advento da sociologia, que surgiu da busca pelo entendimento da sociedade moderna.

A partir da exploração colonial, houve diferentes olhares para os povos que viviam sob o colonialismo europeu. Ao mesmo tempo, o cientista Charles Darwin (1809-1882) propôs a teoria da evolução das espécies, segundo a qual os mecanismos da seleção natural explicam a origem, a transformação e a perpetuação das espécies ao longo do tempo. As ciências sociais da época eram muito influenciadas pelas ciências biológicas, contexto em que se desenvolveu o darwinismo social. Com base nessa premissa, considerou-se que os povos colonizados estariam atrasados em relação aos europeus na escala evolutiva da sociedade e que a exploração dessas sociedades com o tempo levaria os povos explorados a atingir o grau evolutivo de seus exploradores. Segundo Bolsanello (1996, p. 154-155),

> o darwinismo social, na verdade, era ideológico e estava, desde o início, associado a uma apologia do *laissez-faire* econômico e social, a uma defesa da sociedade capitalista. Assim, rapidamente vinculou-se a ideologias eugenistas e racistas.

Os cientistas daquele momento histórico estavam a serviço dos países colonizadores e recolhiam todo tipo de informações sobre os povos colonizados. Assim, usando relatos e documentos de viajantes, teciam teorias sobre o funcionamento dessas sociedades. É importante ressaltar que as teorias eram embasadas em juízos etnocêntricos de valor, segundo os quais o capitalista europeu era o melhor modelo.

As diferenças entre as sociedades e sua formação demandaram o surgimento da antropologia, com vistas a estudar a relação do homem com a cultura. Sobre a antropologia, aos poucos, os cientistas passaram a fazer suas experiências *in loco*, participando do cotidiano nas localidades pesquisadas. Porém, por meio da interpretação do darwinismo social, todos os povos eram enquadrados em etapas evolutivas baseadas no **eurocentrismo**. Esse pensamento **antropológico** dominou por longo tempo as ciências sociais. Para Quijano (2005, p. 111),

> Não seria possível explicar de outro modo, satisfatoriamente em todo caso, a elaboração do eurocentrismo como perspectiva hegemônica de conhecimento, da versão eurocêntrica da modernidade e seus dois principais mitos fundacionais: um, a ideia-imagem da história da civilização humana como uma trajetória que parte de um estado de natureza e culmina na Europa. E dois, outorgar sentido às diferenças entre Europa e não Europa como diferenças de natureza (racial) e não de história de poder.

Partindo da antropologia moderna — a ciência social que estuda a relação dos seres humanos com suas culturas e o modo de produzir símbolos e significados —, é possível entender como as pessoas lidam com a natureza e como a reconstroem por meio das relações e das representações (religião, alimentos, idiomas, entre outros aspectos). Para Boas (2004), a antropologia se constituiu em uma disciplina científica por meio da delimitação de seu objeto de estudo, que seria a relação do homem com a natureza e a cultura como consequência dessa interação.

É necessário romper com a antiga forma de análise antropológica, pois os padrões e as características utilizados para definir o lugar na escala evolutiva de cada cultura devem ser entendidos em seu contexto (Boas, 2004). Todos os grupos étnicos espalhados pela superfície terrestre têm contextos históricos únicos e não necessariamente devem seguir um processo evolutivo baseado na trajetória estabelecida pelo darwinismo social. Todas as etnias têm sua própria situação, que deve ser entendida em seu conjunto para além das barreiras geográficas do local onde estão inseridas.

O antropólogo Bronislaw Malinowski (1884-1942), em convivência com povos da Polinésia, apreendeu como se dá a construção dos costumes tribais (religião, alimentação, língua etc.) e percebeu que existiam muitas diferenças entre um grupo e outro (Malinowski, 1973). Ele criou o método de análise científica da observação participante, diferenciando-se de outros cientistas da época que teorizavam tendo como princípio observações superficiais, relatos e documentos sem base científica. Com isso, ele rompeu com a visão etnocêntrica de analisar o outro do ponto de vista apenas da cultura do observador.

No novo método, é necessária a convivência em comunidade para compreender o funcionamento de um grupo. Com a observação participante, é possível compreender como se dá a construção dos valores de uma cultura, mesmo não sendo membro dela, pois é possível viver como uma pessoa do grupo, participando da dinâmica cultural da comunidade, para entender como determinados padrões são construídos considerando a perspectiva do grupo analisado (Malinowski, 1973). Com base em suas experiências em campo, o autor desenvolveu o **método etnográfico**, que consiste na descrição do cotidiano acompanhado.

Características de gênero, como a emotividade e a virilidade, usadas para diferenciar homens de mulheres, variam de comunidade para comunidade. Em certos grupos, os qualificadores masculinos são atribuídos exclusivamente às mulheres e, em outros, os atributos femininos são exclusivos dos homens. Assim, o modo de produzir e vivenciar a cultura é diferente ao redor do mundo. A construção da personalidade anteriormente concebida como natural, na verdade, é uma construção histórico-social (Mead, 2000). A antropologia desconstrói a tradição ocidental judaico-cristã das aptidões inatas de gêneros entre as pessoas.

As normas e os juízos de valores são diferentes em cada cultura. As funções orgânicas são inatas, mas a forma como elas são praticadas depende do olhar de quem as vivencia (por exemplo, excreção em banheiros, dormir em camas, comer determinado tipo de alimento). O ser humano que não vive em condições sociais que lhe permitam agir como ser humano e que não desenvolve as capacidades cognitivas e intelectuais próprias de uma cultura humana será o resultado do meio em que ele estiver inserido. O famoso caso das irmãs indianas Amala e Kamala, que foram encontradas em uma caverna e viviam entre lobos, ilustra a dimensão social do ser humano. Sobre o caso, afirma Souza (2008, p. 42), "as crianças não tinham senso de humor, tristeza, curiosidade, nunca riam e nem se afeiçoavam a outras pessoas". A cultura seria a responsável pela diferenciação entre os seres humanos e os outros animais.

Para Baruch Espinoza (1632-1677), os seres humanos são parte da natureza e estão sujeitos às leis naturais, enquanto as leis humanas ocupam uma posição secundária (Chaui, 1995). Imaginemos uma pessoa perdida e desarmada em uma floresta: ao defrontar-se com um animal feroz, será devorada como presa semelhante a qualquer outro animal dentro de uma cadeia alimentar. De acordo com Vesentini (1989, p. 20), a ideia de natureza apresenta duplo significado:

> a) Uma concepção de mundo (realidade, universo e, especialmente, meio circundante do homem, excluindo-se os artefatos por ele fabricados); e b) Relações práticas da sociedade com o seu *habitat*, nas quais se incluem a produção econômica, a organização do espaço e até mesmo as relações simbólicas com as coisas e com os deuses.

O **Renascimento** logrou, com o advento da ciência moderna, uma revolução no pensamento ocidental, com a nova concepção de natureza como recurso e a percepção de saber atrelado à dominação da natureza. O ser humano é espírito, sujeito histórico e do saber, dotado de arbítrio, e é organismo biológico, ser natural.

As ciências sempre tiveram dificuldade em tratar do ser humano. "O homem [ser humano] é o único ser que formula leis naturais, às vezes as revisa, divulga-as nas escolas, reflete e discute sobre elas, revoga-as por razões religiosas, ou seja, culturais e, passados muitos séculos, volta a aceitá-las" (Gröning, 2004, p. 10).

As leis da natureza sobrevivem enquanto as pessoas tentam estabelecer relações com elas. Com isso, a cultura passa a ser entendida não pela quantidade de experiências baseadas em símbolos que a pessoa adquiriu ao longo da vida, mas em seus convívios culturais, responsáveis pela produção de suas **instituições** como formas de melhor se relacionar com "o todo"[i].

A observação de uma cultura é feita segundo pontos de vista definidos pela cultura do observador. Assim, para classificar uma cultura, são utilizados critérios também culturais:

> Se insistirmos em relativizar as culturas e só vê-las de dentro para fora, teremos de nos recusar a admitir os aspectos objetivos que o desenvolvimento histórico e da relação entre povos e nações impõe. Não há superioridade ou inferioridade de culturas ou traços culturais de modo absoluto, não há nenhuma lei natural que diga que as características de uma cultura a façam superior a outras. (Santos, 2006, p. 16-17)

Cada realidade cultural tem sua lógica interna, a qual devemos procurar conhecer para que suas práticas, seus costumes, suas concepções e também suas transformações façam sentido. É preciso relacionar a variedade de procedimentos culturais com os contextos em que eles são produzidos. Cada cultura é o resultado de uma história particular; a diversidade de culturas existentes acompanha a variedade da história humana, expressa possibilidades de vida social organizada e registra graus e formas diferentes de domínio humano sobre a natureza (Santos, 2006).

---

i. Entende-se como "o todo" a própria natureza.

3.2 Paisagem e lugar

A noção de paisagem acompanha a vida humana antes mesmo da existência de seu conceito e sua gênese está baseada na observação do meio. As primeiras manifestações dessa percepção direcionada a alguns componentes do ambiente são as pinturas rupestres. Já na Antiguidade, os elementos que constituíam a paisagem das sociedades oriental e ocidental eram bastante distintos, dadas suas diferenças culturais e geográficas. Na Idade Média, a Europa ainda vivia a herança romana dos parques públicos com construções arquitetônicas postas em maior evidência do que outros componentes da natureza, como as plantas e os animais. No Oriente, a paisagem e o ser humano eram encarados como parte do cosmo. Na Renascença, a concepção ocidental de paisagem recebeu influências das experiências e dos ambientes dos povos do Oriente, do Extremo Oriente e do Mediterrâneo, quando pintores ocidentais e orientais registraram atentamente as paisagens (Caramella, 1998; Argan, 2005; Proença, 2007).

Nas grandes civilizações europeias do século XIX, as cidades, os bosques, os jardins, as montanhas, os rios e toda a linha do horizonte em suas circunvizinhanças eram modificados para agradar aos governantes, que se preocupavam com a paisagem. O embelezamento do país era então sinônimo do avanço cultural de um povo. O planejamento e as normas paisagísticas passaram a considerar padrões que estabeleciam uma relação harmônica entre a cultura e a natureza (Hodge, 2009). Assim, por exemplo, em Jerusalém (Israel), as muralhas da cidade e as paredes das casas eram obrigatoriamente padronizadas pelo governo com rochas[ii] que compõem a paisagem natural da cidade (Ir Amim, 2015) e

---

ii. Rochas de cor creme-claro, conhecidas como *Pedras Yerushalmi* (Pedras de Jerusalém).

têm uma ligação direta com a história do lugar, encontradas nos arredores da cidade.

O ser consciente exprime sua época: a ressalva histórica evita a perda do contexto em que se movimenta o sujeito em foco. A consciência é um produto histórico que se estrutura em um limite histórico, em que as formas espaciais produzidas pela sociedade manifestam projetos, interesses, necessidades e utopias. Desse modo: "São projeções dos homens [...] na contínua e cumulativa **antropomorfização** da superfície terrestre. Um processo ininterrupto onde o próprio ambiente construído estimula as novas construções. Isto é: a paisagem é ao mesmo tempo um resultado e o alimento dos projetos de produção do espaço" (Moraes, 2002, p. 22).

No século XX, em especial nos Estados Unidos da América, a paisagem teve seu significado diretamente ligado ao capitalismo, tornando-se então objeto de percepção superficial, e o lugar um elemento de lazer explorado de maneiras diversas. Os modelos de paisagens começaram a ser reproduzidos em inúmeras variações com a finalidade exclusiva de exploração econômica. Com o **cosmopolitismo**, os espaços das grandes cidades vêm se transformando de forma acelerada, em consequência dos vários interesses humanos. Assim, a paisagem não têm um significado estático e seu conceito está longe de ser estável.

O conceito de paisagem é recente; os pintores propagaram a noção de lugar como paisagem. Segundo Gröning (2004, p. 11), "O que se designava por paisagem era apresentado de uma maneira que agradava aos que pagavam pelos quadros e pelas descrições". Ainda,

> Na metade do século XIX, estudos de vegetação para análise da paisagem trabalhavam com tipologias de unidades de vegetação e eram retomadas em uma

tipologia maior de unidades paisagísticas. Em níveis diferentes, as unidades paisagísticas foram assimilando progressivamente componentes físicos até sociais. (Maximiano, 2004, p. 86)

A construção do conceito de *paisagem* passa pela análise de importantes pesquisadores, como Alexander Von Humboldt (1769-1859) e Friedrich Ratzel (1844-1904), na Alemanha, Vasily Dokuchaev (1846-1903), na Rússia, entre outros, e o termo sofre modificações conforme o grupo que o utiliza. Para alemães e ingleses, a paisagem está ligada ao território e ao aspecto visual; já para os russos, apresenta valor territorial. As diversas ciências desenvolveram definições próprias de acordo com seus campos de estudo. Para sociólogos e economistas, a paisagem é a base do meio físico, onde o homem em coletividade a utiliza, ou não, e a transforma segundo diferentes critérios. "Para o botânico ou ecólogo, a paisagem significa, antes de mais nada, um conjunto de organismos num meio físico, cujas propriedades podem ser explicadas segundo leis ou modelos, com ajuda das ciências físicas e ou biológicas." (Kotler, 1976, p. 18).

Apesar de o conceito de paisagem ser bastante assimilado pela geografia, sua construção não está pronta. A princípio, paisagem seria aquilo visto no horizonte, como uma fotografia, uma visão feita de um mirante. Pode ser natural (paisagem natural), relativamente intacta, identificada com elementos da natureza, com pouca ação humana, como paisagem desértica, temperada, tropical etc. No entanto, normalmente reflete uma ação antrópica na natureza. É um conceito ligado ao olhar, utilizado como indicador de conteúdo vivo e de processos dinâmicos.

Os elementos geográficos (como os rios e as montanhas), os biológicos (como os animais e os vegetais) e os humanos, com o produto de suas atividades (casas, estradas, automóveis), quando combinados e organizados, geram a paisagem. Sua interpretação na geografia seria a busca das explicações científicas de como as formas observadas são o resultado de uma combinação de processos físicos (rios e montanhas), biológicos e humanos (Dansereau, 1949). Desse modo, a paisagem é uma combinação de processos físicos e biológicos que foram sendo modificados com o tempo e pela ação humana. As modificações provocam reações que desencadeiam a evolução constante da paisagem.

Para compreendermos a relação entre sociedade e natureza, a observação da paisagem é o ponto inicial. Por meio da observação e do estudo da projeção da sociedade sobre o espaço, buscamos a interpretação das razões do arranjo humano sobre a organização natural da vida no planeta. A ciência da paisagem envolve a observação e a interpretação. Assim, em decorrência da observação, é possível entender as condições geográficas de um acontecimento, distinguindo as relações que se estabelecem entre os fenômenos observados.

Os fenômenos analisados nos fornecem informações sobre as formas de relevo, o clima, a vegetação, os dados populacionais, as atividades econômicas e as manifestações sociais de um lugar. É possível perceber que esses fenômenos estão intimamente vinculados entre si e que as condições de vida são resultado da ação da sociedade sobre a natureza. As paisagens são o resultado das mais diferentes combinações de fenômenos e suas diversidades. Como exemplo, temos o relevo, que pode variar de planícies e planaltos a cordilheiras; todavia, são as condições climáticas que determinam as características da vegetação e do solo e os agentes de erosão que modelam o relevo e criam diferentes paisagens naturais. As interações entre clima, solo, vegetação e relevo culminam em paisagens diversas (desértica, caatinga, tropical, entre outras).

A atividade humana transforma a paisagem natural em paisagem humanizada. Conforme o uso do lugar pela população, os elementos vão sendo transformados (paisagens industriais, agrícolas, mineiras, entre outras). A paisagem urbana, resultado das técnicas desenvolvidas pelo trabalho humano, incorpora-se aos lugares onde vivemos e esse espaço está em constante transformação (vilas, praças, monumentos, casas, prédios etc.).

As fotografias e as pinturas representam as paisagens e refletem as combinações entre os processos naturais e culturais que acontecem em cada lugar. Comparando as diversas paisagens urbanas, é possível perceber as desigualdades sociais nos bairros e nas favelas, nas ruas esburacadas e sem calçamento, nos fétidos esgotos a céu aberto, nas praças escuras e abandonadas, e muitos outros espaços.

De outro modo, Tuan (2012) entende a paisagem como a imagem formada em nossa mente por meio da percepção do espaço, o que vai além do visual e abre a possibilidade de existência de paisagens sonoras, táteis, olfativas e mesmo gustativas. Na geografia brasileira, ainda são poucos os estudos que tratam do conceito de paisagem de modo a ir além do sentido visual.

Comumente, os geógrafos que se aventuram em outra forma de paisagem utilizam o conceito de **paisagem sonora**, desenvolvido pelo compositor Raymond Murray Schafer (2001) em seu livro *The sound scape* (1977) (publicado no Brasil com o título *A afinação do mundo: uma exploração pioneira pela história passada e pelo atual estado do mais negligenciado aspecto do nosso ambiente — a paisagem sonora*). Schafer (2001) definiu *paisagem sonora* como o conjunto de sons de determinado espaço, que pode ser de baixa ou alta fidelidade. Ainda conforme o autor, sons específicos que se destacam (chamados *marcos sonoros*) podem, até mesmo, identificar traços culturais de uma comunidade. Com essa ideia, deixamos aqui uma provocação para que o leitor pense a paisagem considerando também outros sentidos da percepção.

Pensar sobre o lugar é refletir seu papel na geografia. As dimensões significativas do lugar são pensadas geograficamente com base no ato de habitar, na experiência, nas interações. O sentido de lugar se mescla e se confunde com o espaço ocupado — nos dicionários, aparece como *povoação, localidade, região* e até *país*. Em outras ocasiões, significa *posição, categoria, situação* e *origem*.

Lugar e tempo se apresentam frequentemente ligados, sendo possível perceber a realidade temporal unida ao contexto do lugar. Tempo e lugar são componentes básicos do mundo vivo e nós os admitimos como certos (Tuan, 2012).

O estudo sobre o lugar tornou-se um tema de suma importância a partir da década de 1990 e foi muitas vezes contestado por várias ciências, incluindo a geografia:

> A paisagem construída do mundo, especialmente na Europa e América do Norte, estava sendo mudada rapidamente, ficando claro que a rica diversidade de lugares que os geógrafos haviam descrito por décadas e séculos estava sendo erodida. Muito dessa erosão ocorria por causa do uso de projetos de arquitetura moderna, os quais olhavam para o futuro sem nenhuma conexão com a história local, o ambiente ou as tradições. (Relph, 2014, p. 20)

Ainda sobre esse tema: "A destruição ou mutilação de qualquer objeto geográfico causa ressentimento e protestos, pois afeta as pessoas e suas relações" (Mello, 2012, p. 39). Assim, a perda da diversidade e da identidade geográfica foi expressa no aniquilamento da continuidade histórica. O surgimento do interesse pelo lugar foi contemporâneo ao aumento do interesse pela preservação do patrimônio, entendida em parte como resposta direta a essas perdas (Relph, 2014).

Existe uma infinidade de definições e sentidos para o termo *lugar*, que varia conforme as teorias dos autores. A princípio, seria uma fração do espaço com a qual as pessoas se identificam; um espaço menor onde as pessoas interagem (escola, trabalho, praças, casa), parte de uma escala geográfica menor, que pressupõe a ideia de vivência em determinado espaço. O lugar ocupado no espaço geográfico é resultante das condições sociais em que vivemos — é o espaço vivido.

> O movimento intencional e a percepção, tanto visual como háptica, dão aos seres humanos seu mundo familiar de objetos díspares no espaço. O lugar é uma classe especial de objetos. É uma concreção de valor, embora não seja uma coisa valiosa, que possa ser facilmente manipulada ou levada de um lado para outro; é um objeto no qual se pode morar. (Tuan, 1983, p. 14)

Entre as análises sobre o lugar, os lugares íntimos são tratados como transitórios e pessoais. De acordo com Tuan (1983, p. 156), os lugares podem ficar gravados no mais profundo da memória e, cada vez que são lembrados, produzem intensa satisfação, mas não são guardados como instantâneos no álbum da família nem percebidos como símbolos comuns".

Nas comunidades e nas periferias, a rua é a extensão da casa. Símbolos, referenciais, significados e permanência contribuem para forjar o sentido de *lugar*. As rotas, a casa, o bairro e seus componentes diversos (como as pedras do caminho) integram a expressão e a alma dos lugares. Não existem marcas e signos em si, pois eles surgem em virtude dos significados que as pessoas lhes atribuem. Os lugares da atualidade ou do passado podem variar de acordo com valores e quebras de preconceitos, com a formação de conceitos e a aceitação de novas normas (Mello, 2012). Assim,

> Os indivíduos ou os grupos sempre teceram os laços entre identidade e espaço, como refletidos nas paisagens, que resultam de atividades rotineiras ligadas a um gênero de vida tradicional ou que sejam o resultado voluntário de princípios cosmológicos antigos, ou ainda de ideais modernos de racionalidade. A característica dominante dos lugares no seio da modernidade é sua mutabilidade: ora, ela é igualmente característica do sujeito moderno e de seu sentido de identidade. (Berdoulay; Entrikin, 2012, p. 101)

O desejo de pertencimento do indivíduo ao grupo e do grupo ao meio pode ser compreendido como um processo essencialmente subjetivo e que está ligado à questão da identidade. Essa subjetividade não chega, entretanto, a retirar de uma problemática social a questão da identidade, no sentido de que sua resposta implica o sentimento de pertencer a uma comunidade de memória (Berdoulay; Entrikin, 2012). Assim, "o lugar é um espaço de desenvolvimento da intersubjetividade, que possui dimensões concretas, ambientais, territoriais e que pode favorecer a emergência de um espaço público" (Berdoulay; Entrikin, 2012, p. 112-113).

O *lugar* é anterior e posterior à geografia, como palavra que precede e dá prosseguimento ao conceito. A geografia, mesmo sendo pensada da forma mais ampla possível, sempre será apenas uma parte da cultura que toma o lugar como um de seus modos de dizer o mundo; nesse sentido, a palavra *lugar* é parte da cultura movente. Portanto, "os lugares geográficos são, eles próprios, produtos narrativos que se constituem tanto daquilo que se manifesta física e socialmente neles quanto dos discursos e falas que se dobram sobre eles" (Oliveira Júnior, 2012, p. 122).

3.3 Território e representação

Ao tratarmos da categoria *território*, automaticamente nos reportamos ao território nacional, que seria a superfície delimitada de um país. No entanto, existem escalas diferenciadas, que vão desde uma aldeia indígena na Amazônia a um continente. Os territórios podem ter limites bem definidos ao longo do tempo, com caráter permanente ou temporário. Nesse sentido, os territórios das nações têm caráter bem definido com tempo indeterminado, podendo durar séculos; todavia, os territórios provisórios são aqueles que se modificam de acordo com a realidade político-social ou com a movimentação de grupos específicos, dependendo da circunstância, e podem variar de tamanho e com tempo determinado (feiras livres, territórios indígenas em litígio, bairros).

Ainda, o território é uma parcela do espaço geográfico apropriada por um sujeito[iii] com limites e fronteiras. O termo é amplo e pode ser usado para delimitar um Estado Nacional ou o território de caça de um animal, por isso foi ampliado, sendo possível tratarmos de novos conceitos, como as territorialidades — territorialidades afro-brasileiras, territorialidades indígenas, entre outras. Para ser considerado *território*, é necessário que haja sujeito (território de alguém) e fronteiras que limitem e definam o espaço. Assim, o território usado

---

iii. Por *sujeito*, entende-se indivíduo ou grupo.

é tanto resultado do processo histórico quanto a base material e social das novas ações humanas. Tal ponto de vista permite uma consideração abrangente da totalidade das causas e dos efeitos do processo socioterritorial. [...] O território usado constitui-se como um todo complexo onde se tece uma trama de relações complementares e conflitantes. (Santos, 2000, p. 104-105)

Ainda nesse sentido, "O *território usado*, visto como uma totalidade, é um campo privilegiado para análise, na medida em que, de um lado, nos revela a estrutura global da sociedade e, de outro lado, a própria complexidade do seu uso" (Santos, 2000, p. 108, grifo do original). Dessa forma, entende-se por *território*

geralmente a extensão apropriada e usada. Mas o sentido da palavra *territorialidade* como sinônimo de *pertencer àquilo que nos pertence...* esse sentimento de exclusividade e limite ultrapassa a raça humana e prescinde a existência do Estado. Assim essa ideia de territorialidade se estende aos próprios animais, como sinônimo de área de vivência e de reprodução. Mas a territorialidade humana pressupõe também a preocupação com o destino, a construção do futuro, o que, entre os seres vivos, é privilégio do homem. (Santos; Silveira, 2008, p. 19, grifo do original)

A ocupação dos territórios está intrinsecamente ligada às relações de espaço e poder entre os indivíduos, que estabelecem lógicas distintas de relações com os lugares. Assim, o território pode ser concebido com base na imbricação de múltiplas relações de poder, do poder material das relações econômico-políticas ao poder simbólico das relações de ordem estritamente cultural (Haesbaert, 2011).

> Pertencemos a um território, não o possuímos, guardamo-lo, habitamo-lo, impregnamo-nos dele. Além disso, os viventes não são os únicos a ocupar o território, a presença dos mortos marca-o mais do que nunca com o signo do sagrado. Enfim, o território não diz respeito apenas à função ou ao ter, mas ao ser. Esquecer este princípio espiritual e não material é se sujeitar a não compreender a violência trágica de muitas lutas e conflitos que afetam o mundo de hoje: perder seu território é desaparecer. (Bonnemaison; Cambrèzy, 1996, p. 13-14, citados por Haesbaert, 2002, p. 23)

A conduta territorial é parte de todos os grupos humanos. A territorialidade seria o esforço coletivo de um grupo social para ocupar, usar, controlar e se identificar com uma parcela específica de seu ambiente biofísico, convertendo-a em seu território (Little, 2002). "Uma das bases mais importantes de uma identidade étnica é o seu território" (Little, 2006, p. 17).

A territorialidade, além de incorporar uma dimensão estritamente política, diz respeito também às relações econômicas e culturais, pois está intimamente ligada ao modo como as pessoas utilizam a terra, como se organizam no espaço e dão significado ao lugar (Sack, 1986).

Como componente de poder, a territorialidade não é apenas um meio para manter a ordem, mas uma estratégia para criar e manter grande parte do contexto geográfico por meio do qual experimentamos o mundo e o dotamos de significado (Sarde Neto, 2013). Nesse sentido, a **territorialidade** seria definida como as diversas formas de apropriação do território. Os vários agrupamentos humanos gradativamente ocupam determinadas áreas consideradas fundamentais para a manutenção de suas vivências — em muitos casos, a ausência do Poder Público pode gerar territorialidades ligadas a atividades criminosas.

Nessa perspectiva, o **território** é o espaço concreto em si, com suas peculiaridades socialmente construídas, apropriado e ocupado por um grupo social. Quando um grupo social define seu território, tem início um processo de enraizamento com identidade cultural. Isso faz que uma comunidade não possa ser compreendida sem seu território, pois a identidade sociocultural das pessoas está ligada aos atributos do espaço concreto.

O fato de que um "território surge diretamente das condutas de territorialidade de um grupo social implica que qualquer território é um produto histórico de processos sociais e políticos" (Casimir, 1992, citado por Little, 2002, p. 3). Para analisar "o território de qualquer grupo, portanto, precisa-se de uma abordagem histórica que trata do contexto específico em que surgiu e dos contextos em que foi defendido e/ou reafirmado" (Little, 2002, p. 3-4).

> Outro aspecto fundamental da territorialidade humana é que ela tem uma multiplicidade de expressões, o que produz um leque muito amplo de tipos de territórios, cada um com suas particularidades socioculturais. Assim, a análise antropológica da territorialidade também precisa de abordagens etnográficas para entender as formas específicas dessa diversidade de territórios. (Little, 2002, p. 4)

No caso brasileiro, o melhor exemplo seria o das comunidades indígenas, que historicamente estão ligadas à natureza e às construções da paisagem que compõe seu território. A comunidade, em teoria, tem o domínio do território. Onde termina um território e começa o outro são seus *limites*; as regiões que estão nos limites dos territórios são as *fronteiras*. O território é um espaço definido pelas relações de poder que estabelecem seus limites, porém, nem sempre as fronteiras dos países respeitam os limites étnicos de seus habitantes.

Outro caso famoso é o do continente africano, que durante o período neocolonial foi partilhado entre as grandes potências europeias, as quais não levaram em conta as inúmeras etnias que o habitavam. Vários povos tradicionalmente rivais não tiveram suas territorialidades respeitadas e foram obrigados a conviver dentro do mesmo território, acirrando suas disputas.

"A existência de outros territórios dentro de um Estado-nação, sejam eles as autoproclamadas 'nações' ou 'nacionalidades', ou territórios sociais [...], representa um desafio para a ideologia territorial do Estado, particularmente para sua noção de soberania" (Little, 2002, p. 6). Esse ponto de vista representa uma das razões pela qual o Estado brasileiro teve e ainda tem dificuldade em reconhecer os territórios sociais dos povos tradicionais e indígenas como parte de sua problemática fundiária.

É importante ressaltarmos que as territorialidades se estendem ao mundo abstrato, ao mundo dos espíritos e ao mundo do sobrenatural. Essas superposições produzem representações simbólicas refletidas pelas vivências nos espaços:

> Os povos indígenas nas suas continuidades ancestrais além da oralidade repassam suas **cosmogonias** criando referenciais simbólicos de representatividade

que demarcam suas territorialidades materiais e culturais. Nos casos de hibridação indesejada e invasão dos espaços e paisagens os marcadores territoriais surgem para testificar a presença dos indivíduos. (Sarde Neto, 2013, p. 27, grifo nosso)

Para Silva (2010), os marcadores territoriais proporcionam a compreensão da territorialidade e da identidade dos diferentes coletivos humanos por intermédio dos símbolos de representação constituídos nos modos de vida. Portanto, "os marcadores territoriais [...] delimitam suas fronteiras culturais e territorialidades" (Silva, 2010, citado por Sarde Neto, 2013, p. 27).

Os marcadores territoriais são elementos geradores e contribuintes da defesa territorial, com vistas a garantir a utilização e a manutenção, por parte dos indígenas, de seus bens naturais. Tal entendimento situa-se no terreno das representações, no qual cultura, modo de vida e espiritualidade fazem parte do contexto dos coletivos humanos (Sarde Neto, 2013).

A visão cosmogônica ou cosmológica trata-se de um processo sociocultural dos coletivos indígenas, que através de suas representações sociais e simbólicas utilizam-se das formas simbólicas com elementos relacionados à defesa de sua integridade física, cultural e territorial, efetivadas pela experiência socioespacial e ancestralidade de construção de mundo. (Silva, 2010, p. 25)

"A territorialidade dos indígenas reflete o apego às experiências socioespaciais e históricas ancestrais em uma cadeia de representações simbólicas materializadas e recriadas espacialmente com importância de continuidade das suas cosmogonias" (Sarde Neto, 2013, p. 24). Nesse contexto, a territorialidade apresenta características peculiares, portadoras de identidades; nela estão contidos não somente aspectos da materialidade, mas também a imaterialidade presentificada cosmogonicamente:

> a territorialidade indígena é compreendida e apreendida de forma aberta, devido a sua expressão de transcendência, como resultado das experiências socioespaciais compostas pelas formas materiais e incorpora a representação espacial com seus signos, códigos e com os espaços de representação constituídos pelo concreto e imaginário. Nesses elementos se manifestam o tempo e o espaço inerentes à apreensão do indivíduo na forma de representar o mundo, ou de conceber intuitivo e empiricamente sua visão de mundo e qualifica o espaço como relacional. (Silva, 2010, p. 72)

Os sentimentos, as formas significativas e as representações simbólicas nos permitem compreender múltiplas dimensões em momentos que expressam tranquilidade e conflito e em decorrência da construção e da experiência socioespacial do coletivo. A construção da identidade não está dissociada da territorialidade. Como processo, está relacionada indistintamente à cosmogonia e ao histórico de relações, as quais propiciam estruturas que permitem compreender o constructo de sua existência (Silva, 2010).

> As múltiplas sociedades indígenas, cada uma delas com formas próprias de inter-relacionamento com seus respectivos ambientes geográficos, formam um

> dos núcleos mais importantes dessa diversidade [...].
> [...] A cosmografia de um grupo inclui seu regime de
> propriedade, os vínculos afetivos que mantém com
> seu território específico, a história da sua ocupação
> guardada na memória coletiva, o uso social que dá
> ao território e as formas de defesa dele. (Little, 2002,
> p. 251-254)

O conceito de território que buscamos apresentar está diretamente relacionado ao espaço imprescindível para que um grupo étnico[iv] tenha acesso aos recursos que tornam possíveis suas reproduções material e espiritual, de acordo com características próprias da organização produtiva e social.

Em um sentido material, os vínculos da cultura com o território raramente podem ser rompidos. Os agrupamentos humanos constantemente relembram suas origens por meio da tradição oral, em que as histórias antigas são contadas e recontadas. Há uma institucionalização dos lugares com denominações próprias que estão diretamente ligadas a seu processo histórico e a suas cosmogonias (Sarde Neto, 2013).

A complexidade categorial do território possibilita analisarmos vários prismas de referenciais para a construção do conhecimento. Para Saquet (2007, p. 24, grifo do original),

> O território significa natureza e sociedade; econo-
> mia, política e cultura; **ideia** e **matéria**; identidades

---

iv. Conceito trabalhado por Fredrik Barth na obra de Poutignat e Streiff-Fenart (1998).

e representações; apropriação, dominação e controle; descontinuidade; conexão e redes; domínio e subordinação; degradação e proteção ambiental; terra, formas espaciais e relações de poder; diversidade e unidade.

Complementando, Sarde Neto (2013, p. 27-28) afirma que

> Os grupos étnicos em seus territórios tradicionais vivem o resultado da produção espacial histórica refletida na complexidade das suas territorialidades e as formas da cosmogonia são um requisito importante para prevenir-se dos riscos de perda de identidade cultural, em escala individual e coletiva. As pessoas organizam seu espaço de ação, de acordo com interesses de sobrevivência, as representações são criadas para manter a ordem e assimilar a visão de mundo.

A organização dos grupos étnicos e sua sobrevivência ocorrem por meio das relações que são realizadas no espaço, no qual os indivíduos conferem sentido à vida por meio dos signos e das representações que constroem a seu redor. Observe o exemplo a seguir (Figura 3.1), que traz a representação do território da Terra Indígena Igarapé Lourdes, do povo Gavião, no Estado de Rondônia.

Figura 3.1 – Mapa mental da terra indígena Igarapé Lourdes

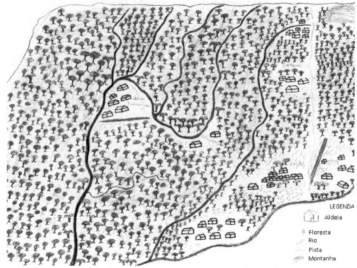

Fonte: Sona Gavião, 2003.

Nota: Percebe-se a representação do território indígena e de seus principais elementos. Trataremos dos mapas mentais no Capítulo 5.

Fica visível que as representatividades transpassam os limites da superfície terrestre; o sagrado se revela projetando em todas as direções as forças ocultas e a geografia mítica[v] é a vivenda dessas presenças; tudo o que representa alguma coisa revela, para os humanos e suas cosmogonias, advertências e presságios, códigos de linguagem que se expressam:

> A Terra é mãe de tudo que vive, de tudo que é, um laço de parentesco une o homem a tudo que o cerca, as árvores, os animais, até as pedras. [...] o grupo humano, clã ou tribo, é uma coisa só com sua

---
v. Termo utilizado por Dardel ao se referir aos fenômenos da natureza e a suas ligações com o imaginário e as cosmogonias.

região de origem, emigrar é uma ruptura profunda: um transplante, uma perda de substância. [...] aquilo que chamamos de subjetividade é transferida às realidades geográficas, e é o homem que se sente e se vê como objeto: produto ou joguete de forças que se manifestam para ele em seu ambiente, e sobre os quais ele reage com sua magia e seus ritos. (Dardel, 2011, p. 49-50)

Por fim, para Claval (2004), o mundo se situa em um espaço ao qual os homens não têm acesso. Existe uma oposição entre sagrado e profano que se fundamenta na ideia de "níveis de realidades": um mundo positivo apreendido pelos nossos sentidos e outro mundo, onde estão situadas as forças, os princípios e as divindades responsáveis pelo "mundo positivo".

Síntese

Neste capítulo, compreendemos que a cultura é uma concepção humana que nos distingue dos outros animais, enquanto a natureza é concebida como a junção de todas as coisas que compõem o mundo em que vivemos. Vimos que não existe cultura superior ou inferior e que tudo está ligado ao contexto das nossas vivências.

Sobre a paisagem e o lugar, entendemos que as pessoas criam e reproduzem, por meio dos sentidos, vários lugares e paisagens, modificando-os de acordo com suas perspectivas de mundo e seus interesses. Já sobre território e representação, verificamos que os vários grupos humanos estabelecem o controle de territórios específicos e reproduzem várias territorialidades para decidir sobre seus próprios destinos. Apesar das contradições estabelecidas pelas ideologias dos Estados, o território é fundamental para a sobrevivência, a continuidade ancestral de suas várias representações e cosmogonias.

Atividades de autoavaliação

1. A crença no darwinismo social motivou e justificou a exploração de muitas sociedades ao redor do mundo. Essa ideologia propunha que os povos colonizados pelos europeus estavam atrasados na escala evolutiva da sociedade em relação a seus colonizadores. Esse pensamento, apesar de antigo, ainda está presente nas sociedades atuais. Assinale a alternativa que ideologicamente propõe a solução para o avanço social dos povos explorados:

   a) Essas sociedades, por meio da convivência pacífica e colaboradora, com o passar do tempo deixariam sua posição evolutiva e entrariam na modernidade.

   b) A exploração política, social e econômica com o tempo levaria os povos explorados a atingir o grau evolutivo de seus exploradores.

   c) A exploração dessas sociedades levou todos os povos explorados a atingir o grau evolutivo de seus exploradores.

   d) As fricções derivadas dos contatos interétnicos não poderiam levar explorados e exploradores a uma simbiose cultural que beneficiasse a todos.

2. A antropologia é a ciência social que estuda a relação dos seres humanos com suas culturas e o modo de produzir símbolos e significados. Por meio dela, é possível entender como as pessoas lidam com a natureza e a reconstroem com base nas relações e nas representações. Assinale a alternativa que

contém alguns dos antropólogos modernos que romperam com a antiga concepção da antropologia:

a) Charles Darwin e Fredrik Barth.

b) Paul Claval e Clifford Geertz.

c) Fredrik Barth e Baruch Espinosa.

d) Franz Boas e Bronislaw Malinowski.

3. Com o cosmopolitismo, os lugares nas grandes cidades vêm se transformando de forma acelerada em consequência de vários interesses humanos. Marque a alternativa que contém o principal motivo de interesse para a modificação da paisagem:

a) Religioso.

b) Econômico.

c) Paisagístico.

d) Cultural.

4. O território é uma parcela do espaço geográfico apropriada por um sujeito com limites e fronteiras. O termo é amplo e pode ser usado para delimitar um Estado Nacional ou o território de caça de um animal. Marque a alternativa que contém as principais características do território:

a) O sujeito e as fronteiras.

b) O lugar e as pessoas.

c) A cultura e o espaço.

d) As pessoas e a natureza.

5. A conduta territorial é parte de todos os grupos humanos e a territorialidade seria o esforço coletivo de um grupo social para ocupar, usar, controlar e se identificar com uma parcela específica de seu ambiente biofísico, convertendo-a em seu

território (Little, 2002). Marque a alternativa que contém a função do território considerada a mais importante por Paul Little:

a) Preservação da natureza.
b) Poder político.
c) Identidade étnica.
d) Recursos econômicos.

Atividades de aprendizagem

Questões para reflexão

1. Leia o trecho a seguir, extraído do livro *O que é cultura*, de José Luiz dos Santos, reflita a respeito dele e redija um parágrafo argumentativo sobre o tema.

> Se insistirmos em relativizar as culturas e só vê-las de dentro para fora, teremos de nos recusar a admitir os aspectos objetivos que o desenvolvimento histórico e da relação entre povos e nações impõe. Não há superioridade ou inferioridade de culturas ou traços culturais de modo absoluto, não há nenhuma lei natural que diga que as características de uma cultura a façam superior a outras. (Santos, 2006, p. 16-17)

2. Leia as duas passagens a seguir e reflita sobre a importância da natureza e sobre o papel do ser humano como condutor de sua própria existência. Por fim, anote em forma de tópicos as conclusões obtidas.

> Mesmo uma sociedade inteira, uma nação, ou mesmo todas as sociedades de uma mesma época, tomadas

em conjunto, não são proprietárias da Terra. São somente seus possessores, seus usufrutuários, e têm o dever de deixá-la melhorada, como *bonis patres familias* (bons pais de família), às gerações sucessivas. (Marx, 2006, p. 861)

Como podeis comprar ou vender o céu, a tepidez do chão? A ideia não tem sentido para nós. [...] Somos parte da terra e ela é parte de nós. [...] Que será do homem sem os animais? Se todos os animais desaparecessem, o homem morreria de solidão espiritual. Porque tudo que aconteça aos animais pode afetar os homens. Tudo está relacionado. [...] Onde está o matagal? Desapareceu. Onde está a águia? Desapareceu. O fim do viver e o início do sobreviver. (Cultura Brasileira, 2015)

Atividade aplicada: prática

1. O trecho a seguir pertence à obra *O homem e a Terra*, de Éric Dardel. Leia-o, analise-o e pesquise sobre os limites geográficos de representação de uma crença religiosa. Em seguida, escreva um texto apontando as características pesquisadas.

    Do plano da geografia, a noção de situação extravasa para os domínios mais variados da experiência do mundo. A "situação" de um homem supõe um "espaço" onde ele se "move"; um conjunto de relações e de trocas; direções e distâncias que fixam de algum modo o lugar de sua existência. Novamente a geografia sem sair do seu concreto, empresta seus símbolos aos movimentos interiores do homem. A realidade geográfica exige uma adesão total do sujeito, através de sua vida afetiva, de seu corpo, de seus hábitos, que ele chega a esquecê-los, como pode esquecer sua própria vida orgânica, nas sociedades ditas menos complexas a ligação do homem com a Terra recebeu na atmosfera espaço-temporal do mundo mágico-mítico, um sentido essencialmente qualitativo. A terra não está limitada à superfície visível das coisas. A superfície é somente a zona de aparição das forças ocultas; assim a subida à superfície do sagrado revela uma presença difusa, sempre pronta a se mostrar sem se libertar. São todas essas presenças que habitam e animam a geografia mítica; presenças dispersas pelo espaço e através dele, que agitam as profundezas e o cintilar de cada estrela um sinal que lhe faz o mundo. Tudo que diz alguma coisa. Um relâmpago, um arco-íris, uma tempestade são para os homens e seus universos, um presságio, uma advertência, uma linguagem cifrada do mundo ao seu redor. (Dardel, 2011, p. 19)

Indicações culturais

Na natureza selvagem (*Into the Wild*) é um filme dirigido por Sean Penn e lançado em 2007 (EUA). Aborda questões como a relação entre as pessoas e a natureza, as relações sociais, o modo de vida e a paisagem.

NA NATUREZA selvagem. Direção: Sean Penn. EUA: Paramount Vantage, 2007. 148 min.

O povo brasileiro é um extenso documentário produzido com base na célebre obra do antropólogo brasileiro Darcy Ribeiro, dirigido por Isa Grinspum Ferraz e lançado em 1995. Dividido em dez episódios com 30 minutos de duração cada, o documentário aborda questões referentes à formação do povo brasileiro e ao sincretismo cultural existente no país. Conta com a participação de personalidades como Chico Buarque, Antonio Candido, Aziz Ab'Saber, Gilberto Gil e Tom Zé.

O POVO brasileiro. Direção: Isa Grinspum Ferraz. Brasil: Versátil Filmes, 1995. 280 min.

Os deuses devem estar loucos (*The Gods Must be Crazy*) é um filme dirigido por Jamie Uys e lançado em 1980 (Botsuana e África do Sul). Retrata de forma bem-humorada o choque cultural que ocorre quando um bosquímano resolve devolver aos deuses o presente enviado por eles (uma garrafa de refrigerante jogada de um avião), devido aos problemas causados pelo objeto em sua tribo na Botsuana.

OS DEUSES devem estar loucos. Direção: Jamie Uys. Botsuana; África do Sul: CAT Filmes; Mimosa Films, 1980. 109 min.

4

Grandes questões contemporâneas da relação espaço-cultura

Neste capítulo, abordaremos conceitos polêmicos que, apesar de serem componentes da nossa vida diária, normalmente não são bem compreendidos e podem causar confusão em sua interpretação. A primeira questão a ser discutida será a "civilização", que normalmente é relacionada às sociedades detentoras de características preestabelecidas como civilizadas. A segunda questão tratada será a *diáspora*, termo utilizado para classificar a movimentação obrigatória de povos inteiros vitimados por guerras e perseguições. O terceiro ponto discutido será a "identidade" — seja de um indivíduo, seja da sociedade — consequência das experiências vividas nos lugares. O quarto, e talvez mais polêmico, ponto abordado será a questão de "gênero"; apesar dos progressos conquistados nos discursos da sociedade moderna, o tema parece estar ainda condenado ao atraso conceitual de tempos imemoráveis. O quinto conceito explorado será a "etnia": trataremos de sua definição e procuraremos desfazer o mal-entendido epistemológico que ainda permeia as estruturas conceituais da antropologia. Por último, trataremos da "religião" e do "corpo", mostrando suas definições e a importância do corpo como lugar sagrado, templo e moradia da alma.

4.1 Civilização

Normalmente, acreditamos que sejam civilizados aqueles que apresentam sensibilidade, conversa refinada, tecnologia etc., atributos que podem estar contidos na ideia de *civilização*, no entanto, não são determinantes dela. Outro fato interessante é pensarmos nos povos que não contam com uma economia monetária ou industrial como povos atrasados que necessitam da civilização.

Para a sociedade capitalista, os povos que não se enquadram em seu modelo necessitam de educação para, assim, terem os benefícios de uma sociedade civilizada.

As várias civilizações (ocidental, oriental, indígena) manifestam representações simbólicas baseadas em suas experiências de vida, em suas cosmogonias, em seus processos históricos e, de modo geral, em suas concepções de mundo[i]. Parece complicado pensar de tal maneira, mas, quando pertencemos a um "mundo" e consideramos outras possibilidades de interpretação desse mundo, percebemos outras realidades e outras verdades.

Segundo Houaiss, Villar e Franco (2009), a palavra *civilização* é definida de modo amplo como o

> 2 conjunto de aspectos peculiares à vida intelectual, artística, moral e material de uma época, de uma região, de um país ou de uma sociedade. [...] 5 em sociolinguística, o conjunto dos elementos materiais, intelectuais e espirituais característicos de uma sociedade, e por ela transmitidos.

Na história convencional, as civilizações que apresentaram maior capacidade de se locomover, produzir excedentes e fazer frente a outras culturas eram consideradas militarmente mais poderosas e, assim, capazes de impor suas ideologias aos vencidos. Portanto, essas civilizações eram entendidas como mais evoluídas. Outras civilizações eram consideradas mais avançadas não por seu poder bélico, mas por sua capacidade de produzir arquitetura, música, filosofia, poesia etc. O que nos mostra a verdade sobre a sociedade é seu legado, são suas construções, representatividades

---

i. O termo *mundo* é entendido aqui como cultura, realidade, universo e espaço vivido.

e projeções. A divisão do trabalho e a valorização de determinadas funções no grupo com o tempo passaram a ser sinônimo de *poder* e *dominação*. Todas as civilizações, para se desenvolver, eram baseadas no resultado da guerra.

Ao tratarmos dos povos considerados *bárbaros,* dizemos que não são civilizados porque utilizamos juízos de valores baseados na sociedade em que estamos inseridos. Porém, ser civilizado não significa pertencer a um povo com economia monetária ou que disponha de inúmeras obras arquitetônicas. Ser civilizado é, acima de tudo, ser humano.

Ouro, prata e pedras preciosas sempre foram usados como critérios de civilidade; as grandes obras arquitetônicas são o principal sinal dessa conquista da civilização. Para muitos, parece radical pensar em retrocesso tecnológico, mas, para inúmeras culturas, a tecnologia se iguala a outras formas de pensar o mundo, como a espiritualidade e a moral. De outro modo, se pensarmos em todos os danos que o atual modelo de civilização capitalista nos proporciona, melhor seria continuarmos no "barbarismo".

Antigas concepções sobre as artes pregavam que as sociedades consideradas bárbaras eram bélicas, primitivas e não tinham arte. Mas essas culturas, ditas atrasadas, exibiam obras de arte tão belas quanto as obras das sociedades gregas, famosas por suas esculturas. Algumas culturas colocavam em evidência o alto grau de intelectualidade de seus membros, enquanto outras simplesmente evidenciavam a agressividade.

Com o passar do tempo, determinadas culturas sentiram a necessidade de desenvolver melhor as qualidades do pensamento para que se aproximassem mais do próprio ideal de perfeição. A necessidade humana de sanar essas necessidades foi, com o passar do tempo, preenchida por mitos, danças, músicas, filosofia e pela ordem imposta por sua própria imaginação. As grandes civilizações que se desenvolveram demonstram esses ideais por meio de suas complexidades.

No entanto, sociedades com alto grau de prosperidade material foram abaladas e entraram em decadência quando subjugadas por inimigos como o medo (de guerras, pestes, fenômenos naturais e mesmo do sobrenatural). Isso impediu a construção, a mudança e o questionamento de suas concepções de mundo. Afinal, a ideia de civilização exige mais que a simples prosperidade material: requer confiança em suas instituições, sua filosofia, suas leis e sua própria capacidade de construir e de desenvolver habilidades técnicas.

Grandes civilizações se exauriram e foram sucedidas em um amálgama cultural no qual ocorreram trocas culturais em que dominados e dominadores trocaram experiências históricas. Portanto, o termo *civilização* significa mais do que energia, vontade e poder criativo: cada povo tem suas próprias motivações históricas e sociais.

Existem grandes discussões acerca de sociedades coletoras e caçadoras: elas são ou não civilizadas? De fato, elas não contam com um sistema monetário nem com grandes obras arquitetônicas e suas obras de artes são consideradas primitivas. Mas até que ponto podemos considerar essas populações *não civilizadas*? Pesquisas com povos indígenas da Amazônia levam a acreditar que muitos grupos, apesar de não terem sistema monetário, apresentam como características os critérios básicos (como a interação com a natureza e a complexidade cultural) para o julgamento de uma sociedade como civilizada (Sarde Neto, 2013).

A diferença é que os coletores e caçadores que vivem em regiões mais hospitaleiras não têm a necessidade de empregar seus dias em um trabalho dedicado à produção (Giddens, 2000). Na atualidade, a maioria das comunidades caçadoras e coletoras trabalha poucas horas em comparação aos empregados das sociedades modernas. Eles têm interesses e valores diversos e produzem o necessário para suprir as necessidades básicas; suas principais preocupações são os valores religiosos e as atividades cerimoniais e rituais.

4.2 Diáspora

Inúmeros autores conceituam o termo *diáspora* como sendo a dispersão de um povo em consequência de guerras, preconceitos, perseguição política, religiosa e étnica e pobreza. As diásporas historicamente mais conhecidas foram as diásporas judaicas e a diáspora africana.

De acordo com Hall (2003), a interpretação do conceito de *diáspora* na história moderna decorre do que aconteceu com o povo judeu, de cuja língua o termo se derivou. Em determinado momento histórico, o conceito foi utilizado quase exclusivamente para se referir ao trauma judaico de uma pátria histórica e dispersa por muitos países (Vertovec, 1999).

O início da diáspora judaica é narrado no mais célebre livro da história: a Bíblia. Segundo conta, os judeus foram obrigados a se dispersar pelo mundo após terem seu templo destruído no ano 70 d.C. Após o início da dispersão, eles, sofreram muitas violências e perseguições e foram obrigados a se esconder e a se dispersar pelo mundo cada vez mais.

O último episódio da diáspora judaica, mundialmente conhecido, foi o holocausto da Segunda Guerra Mundial (1939-1945), durante o qual se estima o genocídio de mais de 6 milhões de judeus pelos nazistas (Bauman, 1998, p. 12). Hoje em dia, judeus e descendentes encontram-se espalhados pelos quatro cantos do orbe terrestre, incluindo lugares como a Amazônia brasileira. O Estado de Israel, criado em 1948 no local histórico mencionado na Bíblia, de acordo com resoluções da Organização das Nações Unidas (ONU), tenta aglutinar os judeus espalhados com leis[ii] e benefícios. Com essa experiência como referência, as conotações de uma diáspora eram geralmente muito negativas, pois a palavra está associada a deslocamento forçado, vitimização, alienação e perda. Junto a esse arquétipo, veio também o sonho do retorno.

Já a diáspora africana foi iniciada à época da conquista e da colonização da América (séculos XV e XVI) e durou até meados do século XIX, quando da África foram retirados milhões de escravos, no que se tornou a maior migração forçada da história. Não se sabe com exatidão a quantidade de negros retirados de seu lugar de origem, mas estima-se que, entre os séculos XVI e XIX, mais de 8 milhões tenham vindo apenas para o Brasil (Pinsky, 2012). Essa diáspora está intrinsecamente ligada à construção social do Brasil, um dos países que por mais tempo e em maior quantidade importou e escravizou os povos da África (Pinsky, 2012). Diferentemente do caso judaico, os descendentes de africanos não retornaram ao antigo lar, pois, além de problemas provenientes da herança escravagista, os problemas políticos e sociais (guerras, doenças e fome) dos lugares de origem tornaram as terras pouco atrativas.

Segundo Hall (2003, p. 28),

> presume-se que a identidade cultural seja fixada no nascimento, [e que] seja parte da natureza, impressa através do parentesco e da linhagem dos genes, seja constitutiva do nosso eu mais interior. É impermeável

---

ii. A Lei do Retorno dá aos judeus e a seus descendentes até a terceira geração o direito de cidadania israelense com bolsas de estudos, auxílio-moradia e até mesmo títulos definitivos de terras para a construção de casas e comércios.

a algo tão "mundano", secular e artificial quanto uma mudança temporária de nosso local de residência. A pobreza, o subdesenvolvimento, a falta de oportunidades — os legados do império em toda parte — podem forçar as pessoas a migrar, o que causa o espalhamento — a dispersão. Mas cada disseminação carrega consigo a promessa do retorno redentor.

As sociedades na atualidade são compostas por muitos grupos de diferentes culturas, formados por vários povos. As cosmogonias são infinitas, evidenciando a pluralidade dos mitos fundadores que pululam em nosso planeta e que descendem de seus primeiros habitantes. Todos têm origem em outros lugares. As origens são diversas e nos levam aos quatro cantos do globo terrestre. Assim, tanto a expansão territorial como a formação populacional de muitos povos podem ser explicadas pela ideia de diáspora.

Sob outra perspectiva, o termo *diáspora* acaba mascarando a exploração de povos por grupos sociais capitalistas. O termo *deslocamento* parece envolver um número maior de questões que constituem o processo de movimento e sua constituição. A configuração política do espaço geográfico mundial se desenvolveu com base em novas formas de dominação territorial e de controle das sociedades. Nesse sentido, a referência aos territórios africanos e aos espaços na América que sustentaram a dinâmica territorial europeia é fundamental para uma compreensão mais apurada das questões contemporâneas relativas às populações e aos territórios.

Compreender o fenômeno da diáspora possibilita compreender o mundo globalizado contemporâneo permeado por conflitos territoriais e culturais, cuja referência básica está na dinâmica desses deslocamentos seculares. A interpretação das estratégias de dominação dos territórios, a criação de fronteiras artificiais e a desfiguração forçada dos espaços tradicionais testificam os jogos e as trocas de interesses e prestígios de espaços geográficos dominados.

Para muitos, o termo pode parecer distante da realidade, mas, se observarmos as guerras e as perseguições étnicas nos contextos geográficos e sociais da atualidade, a exemplo dos povos africanos e árabes, a fuga e a dispersão surgem como única saída para a salvação e para a resolução dos problemas enfrentados. Entretanto, o atual excesso de uso e a subteorização da noção de diáspora entre os acadêmicos, intelectuais e líderes comunitários torna-a uma referência solta, que mistura categorias como migrantes, trabalhadores transnacionais, etnia, minorias raciais, refugiados, expatriados e viajantes, ameaçando a utilidade descritiva do termo (Vertovec, 1999).

Assim, de modo sintético, o conceito de diáspora envolve situações em que membros de uma comunidade minoritária expatriada atuam com as seguintes características: eles, ou seus ancestrais a partir de um centro original, são dispersos para duas ou mais regiões estrangeiras; eles mantêm memória coletiva, visão ou mito acerca de sua origem, o que inclui sua pátria, a localização dela, sua história e suas realizações; acreditam que não são — e talvez nunca poderão ser — totalmente aceitos em suas sociedades de acolhimento e permanecem, assim, em parte, separados; sua casa ancestral é idealizada e imagina-se que, quando as condições forem favoráveis, ou eles ou seus descendentes deverão retornar; acreditam que todos os membros da diáspora devem ser comprometidos com a manutenção ou o restabelecimento da pátria original, com sua segurança e sua prosperidade; e, por fim, continuam de várias maneiras a se relacionar com a pátria — a existência dessa relação é essencial para a constituição de sua consciência etnocomunal e de sua solidariedade (Cohen, 2008).

4.3 Identidade

O conceito de identidade teve sua origem na Grécia Antiga e sua história encontra-se entrelaçada à história do pensamento. De acordo com Hall (2003, p. 30): "A identidade é irrevogavelmente uma questão histórica". Na filosofia aristotélica, a identidade é a unidade de substância, a consciência da personalidade. Segundo Houaiss, Villar e Franco (2001), *identidade* seria,

> no *aristotelismo*, a unidade de *substância*, seja no caso da relação necessária entre os dois termos (sujeito e predicado) de uma proposição, seja na situação em que dois seres apresentam mesma essência [...], ou ainda quando um mesmo ser é duplicado logicamente. [Também é definida como a] consciência da persistência da própria personalidade, o que faz com que uma coisa seja a mesma, ou da mesma natureza que outra. (Houaiss; Villar; Franco, 2001, p. 1565, grifo do original)

Na modernidade, os cientistas passaram a pensar na identidade como fenômeno social. Participarmos de um ato público em que invocamos o **pavilhão nacional** e nos postarmos em pé na posição ereta para cantar o hino da pátria é identificarmo-nos com os demais presentes em um evento social. Eventos como esses reúnem, resumidamente, a maioria dos dilemas inquietantes e das escolhas importunas que tendem a fazer da identidade um assunto que suscita graves preocupações e muita discussão.

Os homens tinham sua identidade estável, enraizada em seu território nacional. A modernidade criou para eles a representação simbólica de uma identidade assentada sobre a ideia de nação. Para tanto, unificou a língua, inventou os símbolos, as festas cívicas, a bandeira, o hino e os heróis nacionais, os livros escolares e os discursos, de modo a ajudar a solidificar essa ideia (Hall, 2006).

No entanto, os sujeitos em busca de identidade se veem invariavelmente diante da tarefa intimidadora de alcançar o impossível. Para Bauman (2005, p. 17),

> Tornamo-nos conscientes de que o "pertencimento" e a "identidade" não têm a solidez de uma rocha, não são garantidos para toda a vida, são bastante negociáveis e revogáveis, e de que as decisões que o próprio indivíduo toma, os caminhos que percorre, a maneira como age — e a determinação de se manter firme a tudo isso — são fatores cruciais tanto para o "pertencimento" quanto para a "identidade".

Nesse contexto, ocorrem as chamadas *crises de identidade*, vistas como processos de mudança que deslocam as estruturas e os processos centrais das sociedades modernas, abalando os quadros de referência que ancoravam o indivíduo no mundo social (Hall, 2006). Enquanto a noção de pertencimento das pessoas continuar sendo seu destino e uma condição necessária, elas não terão uma identidade (Bauman, 2005). Assim,

> A identidade plenamente unificada, completa, segura e coerente é uma fantasia. Ao invés disso, à medida

que os sistemas de significação e representação cultural se multiplicam, somos confrontados por uma multiplicidade desconcertante e cambiante de identidades possíveis, com cada uma das quais poderíamos nos identificar — ao menos temporariamente. (Hall, 2006, p. 13)

A identidade é efeito que se manifesta em regime de diferenças e em um jogo de referências. Não existe uma identidade de gênero por trás das expressões de gênero, a identidade é constituída com desempenho:

> A desconstrução da identidade não é a desconstrução da política; ao invés disso, ela estabelece como políticos os próprios termos pelos quais a identidade é articulada [...]. Se as identidades deixassem de ser fixas como premissas de um **silogismo** político e se a política não fosse mais compreendida como um conjunto de práticas derivadas dos supostos interesses de sujeitos prontos, uma nova configuração política surgiria certamente das ruínas da antiga. (Butler, 1990, p. 13, tradução nossa, grifo nosso)

Para Hoffman (1993, p. 11, citado por Melo, 2000, p. 18), as sociedades estabelecem modelos de categorias e tentam ordenar as pessoas conforme os atributos considerados comuns e naturais pelos membros de tais categorias. Estabelecem ainda as categorias a que as pessoas devem pertencer, bem como seus atributos. Ou seja, elas determinam padrões externos aos indivíduos que consentem prever as categorias e os atributos, as identidades sociais e as relações com o meio.

Na geografia, a desfiguração da paisagem (por meio da destruição da floresta, do represamento de rios etc.) ocasiona mudanças no cotidiano social de comunidades tradicionais e, consequentemente, produz alterações na cultura, o que afeta diretamente sua identidade. A paisagem é um dos elementos que dão identidade ao lugar e às pessoas nele inseridas. Territorialidades podem ser construídas e identidades criadas e recriadas com novas particularidades acrescidas das novas configurações do lugar.

A globalização, a vinculação ao poder econômico e o progresso tecnológico concebem uma predisposição à homogeneização dos espaços, sendo os países subdesenvolvidos e em desenvolvimento os mais afetados pelo domínio do capitalismo internacional, por não terem uma economia forte, capaz de assegurar e resguardar suas identidades.

Assim, nesse contexto, a identidade pode ser definida como "a fonte de significado e experiência de um povo [...], o processo de construção de significados com base em um atributo cultural, ou ainda um conjunto de atributos culturais inter-relacionados, o(s) qual(ais) prevalece(m) sobre outras fontes de significado" (Castells, 1999, p. 22). O significado seria o responsável pela diferença entre as identidades e as funções desempenhadas. Todas as identidades são construídas em contextos marcados por relações de poder (Castells, 1999).

4.4 Gênero

Para abordarmos temas polêmicos como gênero, é imprescindível tratarmos de cultura, modos de vida e territorialidades, pois são aspectos responsáveis pelas construções simbólicas. As análises de gênero vão além da materialidade corpórea, devendo ser compreendidas com base na cultura (Silva, 2009).

É importante ressaltar que os juízos de valor são construídos socialmente em perspectivas históricas. Cada sociedade constrói seu mundo por meio de seus mitos fundadores e incorpora suas representações simbólicas, que são refletidas socialmente. Não são as diferenças entre os corpos masculino e feminino que posicionam hierarquicamente os seres humanos na sociedade, mas as construções simbólicas, as práticas sociais afetadas ideologicamente no transcorrer do processo histórico.

O pensamento vigente desde a Antiguidade apontava para a inferioridade feminina. A mais patente de todas as polaridades era explicada em termos de uma hierarquia baseada na própria natureza. Biologicamente, defendiam os médicos do passado, os homens eram os fetos que haviam realizado seu potencial pleno. Haviam reunido um excedente decisivo de "calor" e ardoroso "espírito vital" nas etapas iniciais de coagulação no ventre. A ejaculação quente do sêmen masculino provava isso, pois, dotado de vitalidade, faz que os homens sejam mais quentes, vigorosos nos membros, pesados, com boa voz, intrépidos e fortes no pensar e no agir (Brown, 1990).

De outro modo,

> As mulheres em contraste eram homens imperfeitos. O precioso calor vital não lhes chegara em quantidades suficientes no ventre. Sua falta de calor as tornava mais flácidas, [...] mais frias e úmidas e, de modo geral mais desprovidas de formas do que os homens. A menstruação periódica mostrava que seus corpos não conseguiam queimar os excedentes pesados que se coagulavam dentro delas. No entanto, justamente

esses excedentes é que eram necessários para alimentar e conter a cálida semente masculina, assim produzindo filhos. (Brown, 1990, p. 19-20)

Alguns autores sustentam que existem diferenças inatas nos comportamentos de mulheres e homens, que aparecem de uma ou outra forma em todas as culturas e que as descobertas da sociobiologia apontam claramente nessa direção. Por exemplo, frequentemente chama atenção o fato de que, em quase todas as culturas, os homens, e não as mulheres, tomam parte na casa e na guerra. E sem dúvida isso demonstra que os homens têm base biológica à agressão. Outros autores não se convencem desse argumento e afirmam que o grau de agressividade dos varões varia consideravelmente de uma cultura para outra; da mesma forma que o grau de passividade e doçura que se espera das mulheres (Giddens, 2000).

A construção e a desconstrução cotidiana da ideologia preponderante têm levado a novas conquistas que nos fazem pensar em alternativas que vão além das impostas socialmente pelas antigas culturas patriarcais. As produções de conhecimento advindas das novas descobertas das ciências sociais remetem a mudanças no pensamento dominante:

> Quase com certeza a aprendizagem do gênero por parte das crianças é inconsciente. Antes que o menino e a menina possam rotular-se a si mesmos como de um gênero ou de outro, recebem uma série de chaves pré-verbais. Por exemplo, os adultos homens e mulheres muitas vezes tratam os bebês de modo distinto. Os cosméticos que usam as mulheres contêm aroma diferente para que as crianças aprendam a associar

a diferença com as dos homens. As diferenças sistemáticas no vestir, no corte de cabelo etc., proporcionam as crianças chaves visuais em seus processos de aprendizagem, e ao redor dos dois anos de idade, já possuem um conhecimento parcial do que significa o gênero. (Giddens, 2000, p. 137-136, tradução nossa)

A produção científica do conhecimento geográfico ainda está por demais atrelada ao **androcentrismo**. Daí as dificuldades em se produzir conhecimento com perspectiva feminina, ou seja, uma construção teórica fora do discurso hegemônico masculino. Como ciência, a geografia é um discurso institucionalizado e o conceito de gênero está sendo construído nesse campo de saber, incidindo, por sua vez, na própria ressignificação do conceito:

> O ser mulher se define num contexto de relações sociais e a identidade feminina se apresenta no plural e permanentemente reelaborada. Produto complexo de relações sociais, a definição identitária feminina está intimamente ligada a construção da masculinidade, arranjando uma ligação complementar e ao mesmo tempo oposicional. As fronteiras identitárias entre os gêneros, masculino e feminino, tornam-se cada vez mais tênues e menos nítidas na sociedade ocidental contemporânea, dificultando uma expressão espacial material desse processo. (Silva, 2005, p. 176)

A noção de gênero e sua ligação com a cultura remetem ao endogênero, que está relacionado ao modo como um povo ou uma etnia percebem o gênero considerando sua estrutura de organização de mundo. O **endogênero** seria uma configuração dos arranjos internos de determinado grupo, povo ou etnia e estaria relacionado a uma normatividade de valores, atributos, comportamentos e representações inerentes aos componentes, em razão de sentidos, códigos, signos e significados que são apropriados e vivenciados como identidade. O outro contexto é o exogênero, que diz respeito aos atributos concebidos externamente ao grupo, ao povo ou à etnia, que são incorporados à cultura no processo de relações sociais (Suruí; Suruí; Silva, 2014).

4.5 Etnia

O conceito de etnia é evitado por muitos estudiosos que não encontram definições precisas para ele. Na bibliografia antropológica, o termo *grupo étnico* seria entendido como populações que se perpetuam biologicamente de forma ampla, compartilham valores e apresentam uma unidade em suas formas culturais e simbólicas; seria a base de interação e comunicação de um grupo cujos membros se identificam e são identificados por outros como uma categoria diferencial.

Para Barth (1998), existem falhas em tais definições. A classificação de pessoas e grupos como membros de um grupo étnico segundo o aspecto do "suporte cultural" deve depender do modo como demonstram os traços particulares da cultura. Os grupos étnicos são vistos como uma forma de organização social, sendo reconhecidos por outros grupos como uma categoria étnica diferente. Pertencer a uma categoria étnica implica ser certo tipo de pessoa que possui características daquela identidade básica, implicando igualmente que se reconheça o direito de ser julgado e julgar-se de acordo com os padrões relevantes para aquela identidade.

A etnia pressupõe uma base biológica, podendo ser definida por cultura, raça ou por ambos os conceitos. Seria um elemento básico de uma coletividade no processo de identificação sociocultural. A identidade étnica resulta de fatores construídos historicamente, como suas formas de organização na sociedade e sua ancestralidade, refletidas no modo de agir, na religião e na língua.

Após a definição dos atributos exclusivos dos grupos étnicos, sua preservação depende da manutenção de uma fronteira, cujos traços culturais demarcadores podem mudar; as características culturais de seus membros podem se transformar. A fronteira étnica define o grupo, e não a matéria cultural que ela abrange. Assim, os grupos étnicos não são simples ou necessariamente baseados na ocupação de territórios exclusivos.

A fronteira étnica canaliza a vida social e frequentemente acarreta uma organização muito complexa das relações sociais e comportamentais. O reconhecimento do outro como estrangeiro, como membro de outro grupo étnico, ocorre pela compreensão das diferenças de critérios de julgamento de valores.

Os indivíduos de culturas diferentes interagem na fronteira. Muitas vezes as diferenças entre eles são reduzidas, uma vez que a interação simultânea requer e cria certa harmonia, congruência de códigos e de valores — em síntese, há uma construção de similaridade ou comunidade de cultura. A interação fronteiriça permite a eclosão do que podemos denominar *sistemas sociais poliétnicos*. Uma sociedade poliétnica integrada é aquela que, no espaço mercantil sob o controle de um sistema estatal dominado por um dos grupos, permite amplos espaços de diversidade cultural nos setores de atividades religiosa e doméstica (Barth, 1998).

É comum aos sistemas poliétnicos o princípio de que a identidade étnica implica uma série de restrições sobre os tipos de papéis que um indivíduo pode desempenhar e sobre parceiros que possa vir a escolher para determinados tipos de transições. Eis aí a problemática da interação étnica: os indivíduos sentem-se privilegiados ou prejudicados pelas circunstâncias históricas de construção do sistema social poliétnico.

As necessidades básicas para a coexistência da diversidade étnica em uma mesma área dependeriam basicamente da divisão dos setores da população em categorias estatutárias exclusivas e imperativas e de uma aceitação do princípio de que as normas aplicadas a uma categoria podem ser diferentes daquelas aplicadas a outra. Porém, os indivíduos deverão evitar comportamentos em desacordo com as orientações valorativas do conjunto do sistema social, pois poderão ser sancionados de maneira negativa.

As sanções que acarretam a adesão a valores de um grupo específico não são exercidas apenas por aqueles que compartilham uma mesma identidade. Os membros de todos os grupos étnicos de uma sociedade poliétnica atuam para a manutenção das dicotomias e das diferenças. Logo, haverá tendências para a canalização e a padronização da interação e a emergência de fronteiras que mantenham e gerem a diversidade étnica nos sistemas sociais englobantes de maior amplitude.

A convivência dos vários grupos no sistema social englobante, em suas interações econômicas ou domésticas, no que concerne às complexidades das características culturais, proporciona uma interdependência ou simbiose entre os grupos étnicos.

A interdependência pode ser limitada, apesar da coabitação na área, e a articulação tenderá a se estabelecer pelo comércio e, talvez, em um setor ritual. Há os que competem por recursos, cuja articulação envolverá um setor da atividade política ao longo da fronteira e possivelmente em outros setores. Existem os que competem e se adaptam graças a uma monopolização diferenciada dos meios de produção — o que acarreta uma articulação política e econômica estreita, deixando igualmente abertas possibilidades para outras formas de interdependência.

Há ainda sociedades nas quais a presença de mecanismos culturais são os principais responsáveis pela implantação e incorporação a outro grupo, como ideias de obrigação para com os ancestrais, pagamentos, casamentos e incentivo na forma de vantagens para o grupo ou o chefe doméstico. Outro processo mais forte é o que está relacionado ou condicionado a circunstâncias econômicas bastante específicas. Trata-se de alguns dos processos que induzem os indivíduos a atravessar as fronteiras étnicas, o que muitas vezes afeta o equilíbrio demográfico entre os diferentes grupos étnicos.

Quando um grupo étnico controla os meios de produção utilizados por outro grupo, prevalece uma relação de desigualdade e estratificação. A posição subalterna ou privilegiada no Estado é o que define a estratificação dos grupos étnicos no sistema social. Os grupos étnicos podem coabitar em alguns sistemas sociais sem que nenhum aspecto estrutural importante seja baseado nas relações interétnicas. Tais sistemas são denominados *sociedades com minorias*. Esses grupos minoritários são rejeitados de forma ativa e etnocêntrica pela população hospedeira em razão de seu comportamento ou de certas características inegavelmente condenadas, mas que são frequentemente utilizáveis em um plano específico.

Para finalizar, é de fundamental importância entender que a visão etnocêntrica avalia o mundo e os diferentes grupos étnicos que o compõem com base em valores e padrões de comportamento aceitos pelo próprio grupo. Nesse sentido, serviu e serve para legitimar a opressão de comunidades étnicas distintas e para possibilitar a conquista de povos e territórios por grupos que se consideram superiores.

4.6 Religião e corpo

O ser humano, com o passar do tempo, defrontou-se com situações inexplicáveis (fenômenos naturais) que demandaram o desvendamento dos "mistérios" da vida. É impossível falar da história ou da cultura de um povo sem se reportar a seu sistema de crenças religiosas. As tradições religiosas têm sua origem nas realidades histórica, geográfica, social, cultural e psicológica de cada agrupamento humano. Na tentativa de explicar o inexplicável, as pessoas criaram lendas e mitos que foram transmitidos oralmente. Com a ascensão das grandes civilizações, as religiões passaram a ser institucionalizadas. Etimologicamente, a palavra *religião* deriva do latim *re-ligare* (religar), com o sentido de religar o ser humano com a divindade. A religião está diretamente relacionada ao **sagrado**, ao transcendente. É inerente ao ser humano dar sentido à própria existência. Além disso, temos a necessidade de transcendência, de ultrapassar nossos limites. Assim, entende-se que não existe sociedade cujos membros se conformem em não dar sentido à própria existência (Rosendahl, 2008b).

A busca pela verdade e por valores universais projeta o ser humano em um mundo abstrato, de ideias gerais, sem ligação com a conduta real do vivido, no qual as percepções das categorias e dos gêneros de análise naturais são aperfeiçoadas pela disciplina.

Para as religiões, as conclusões estão deslocadas dos fatos e a percepção espontânea está adequada aos resultados; porém, sua doutrina não percebe o real material que pode ser desfeito pela simples vontade do divino. Algo material, com sua representação social, pode se diferenciar na esfera do pensamento, provocando confusão. Em razão dos vícios da "cultura subdesenvolvida", podemos chegar ao ponto de confundir a própria percepção, o que nos leva a concluir que estamos sempre olhando as coisas sobre gêneros e categorias desapropriadas para circunstâncias sobrenaturais motivadas pela fé.

O sobrenatural não pode ser tratado como erro de lógica, de raciocínio. É um erro de percepção e nomeação; é como se estivéssemos dando o nome errado às coisas; olhamos para categorias que não são apropriadas. Assim, "Reconhecer o homem religioso significa dizer que ele é motivado pela fé em sua experiência, que é ao mesmo tempo individual e coletiva. [A fé] tem um significado original para cada devoto, uma relação direta entre uma só divindade e o crente" (Rosendahl, 2005, p. 12930).

> Para saber o que quer dizer o espaço mítico ou religioso, nós não temos outro meio a não ser o de despertar em nós, na nossa percepção atual, a relação entre nós sujeitos e o nosso mundo. [...] a experiência espacial da religião é uma projeção no sentido de projeto existencial; ela é uma expressão da condição humana, que busca no alto do céu, em Deus, a superação da sua finitude. Portanto, "o espaço religioso não é uma representação possível de ser analisado pelo espaço geométrico". (Capalbo, 1999, p. 228)

O corpo é o templo da alma, um santuário que deve estar puro para abrigar a santidade do espírito, parte indelével do Criador. Um *santuário* "distingue-se de outros lugares religiosos por se reconhecer que aí está presente um grau mais elevado de sacralidade independentemente da forma concreta que esta manifeste" (Santos, 2008, p. 81).

Sendo o corpo instrumento do espírito na Terra, é encarado também como lugar vivido, habitação do espírito, do sopro divino, e por isso deve ser resguardado de tudo que possa aviltá-lo. Para as religiões convencionais, é o instrumento da prática religiosa, em que a vontade divina se manifesta.

> Os lugares sagrados são também fornecedores de regras e significados com que os grupos envolvidos encontram sentido para suas práticas religiosas. [...] A geografia define o espaço sagrado como um campo de forças e de valores que eleva o homem religioso acima de si mesmo, transpondo-o para um lugar distinto daquele no qual transcorre seu cotidiano. (Rosendahl, 2008a, p. 7)

Em particular no século XVIII, ocorreu a descoberta do corpo como objeto de controle e alvo de poder, usado tanto para abalar a divindade do bem quanto para satisfazer os desejos do mal. O que está em volta, nos arredores do sagrado, é o profano. O corpo, por sua vez, está relacionado ao profano, ao pecado original, e por isso as religiões se preocupam tanto com a sacralidade do corpo, um instrumento de pecado. Vários foram os tratados públicos cristãos sobre a virgindade e a pureza do corpo. Os clérigos pouco se dispunham a contemplar a violência contra as mulheres na instituição do casamento e a escravidão doméstica. A exortação cristã à virgindade pouco fazia pela redução do sofrimento daquelas que já estavam comprometidas com o casamento.

A reprodução e o controle sobre o próprio corpo eram limitados na Antiguidade, sendo os imperadores proprietários livres para punir os solteiros e recompensar as famílias por produzir filhos para fortalecer o exército e expandir seus territórios. Pretendiam que o mundo não chegasse ao fim por falta de cidadãos, razão pela qual tinham de reproduzi-los a cada geração. As mulheres virgens, entretanto, eram parte do panorama religioso atemporal do mundo clássico (Brown, 1990).

Acreditava-se que o corpo masculino era dotado de calor, de uma energia vital que o diferenciava do corpo das mulheres, mas esse calor podia esfriar e levar o homem a se aproximar do estado de mulher. No mundo romano, a aparência física e o suposto caráter dos eunucos funcionavam como lembretes constantes de que o corpo masculino era uma coisa assustadoramente plástica. O corpo era um reservatório frágil do qual a energia vital podia vazar, por isso suas chamas tinham de ser cuidadosamente represadas para durar. Acreditava-se que a atividade sexual frequente reduzia a fertilidade da semente masculina e diminuía apreciavelmente o calor que sustentava o homem viril. "Os homens que permanecem castos são mais fortes e melhores do que os outros, e passam a vida com maior saúde" (Brown, 1990, p. 27).

Como seres humanos, somos materiais, temos um corpo. Porém, este não é somente algo que temos nem algo físico que existe à margem da sociedade. O corpo é muito influenciado por nossas experiências sociais e por normas e valores dos grupos a que pertencemos.

A existência não é homogênea para todos os sujeitos que partilham de determinada cultura, já que os corpos são também referências importantes dos processos de identificação. Os corpos em si ganham significados considerando determinada cultura, espaço e tempo. Assim, os significados atribuídos aos corpos masculino e feminino não estão dados, mas dependem da cultura que lhes dá significado e de suas condições de existência (Suruí; Suruí; Silva, 2014).

Por fim, quando se adquire cultura (leitura de livros de filosofia, literatura etc.), cria-se "certo peso" de conhecimento, e esse peso oprime a alma. Logo:

> O universo vai sendo concebido à imagem da máquina, com o abandono do modelo organicista ou antropomorfo. Do **cosmos fechado** passamos ao **universo infinito**, e uma grande mudança ocorre quando o infinito — que era até então apenas um virtual — invade este mundo, a realidade com que nos relacionamos. (Vesentini, 1989, p. 22, grifo do original)

Assim, o peso do conhecimento **neurotiza** e faz nascer a necessidade de criar adequações, sendo necessário parar o desenvolvimento intelectual e voltar-se para a própria alma, o próprio Ser, fazendo reajustes necessários para arcar com os conhecimentos adquiridos.

Síntese

Neste capítulo, você pôde entender que as características estabelecidas pelas sociedades dominantes para classificar uma sociedade como *civilizada* não são suficientes para a finalidade a que se propõem, tendo em vista equivalências e complexidades culturais. Entendemos que a diáspora é responsável pela configuração de territórios e que estabelece novas formas de vivências, resultado de trocas de experiências nos lugares em que se estabelecem. A identidade é formada pelas experiências e é consequência não só do meio no qual está inserida, como também pode ser modificada pela vontade e pela compreensão do todo social. O gênero é tratado por muitos como algo natural e orgânico que obedece às leis naturais; porém, pesquisas demonstram que sua edificação é resultado da construção social. A etnia se configura como as características socioculturais de um agrupamento humano. Já a religião é encarada como fundamental para os seres humanos que buscam a verdade e os valores universais, os quais necessitam do corpo como instrumento para preencher os vazios dos espaços da alma.

Atividades de autoavaliação

1. Ao tratarmos dos povos que não apresentam as mesmas características da sociedade em que estamos inseridos, tendemos a considerá-los *bárbaros* e *não civilizados*. Marque a alternativa mais apropriada para explicar esse julgamento:

   a) São atrasados por serem ágrafos e não produzem riqueza.

   b) Utilizamos juízos de valores baseados em nossa sociedade.

   c) Não falam idiomas baseados em regras gramaticais e têm tradição oral.

   d) Cultivam hábitos repugnantes condenados pelas religiões judaico-cristãs.

2. A expansão territorial e a formação populacional de muitos povos podem ser explicadas pela diáspora. O termo *diáspora* acaba mascarando a exploração de povos por grupos sociais capitalistas. Com base nessa ideia, assinale a resposta incorreta:

   a) A diáspora consiste na expulsão violenta de um povo de seu território.

   b) Os dois casos mais famosos de diáspora são a judaica e a africana.

   c) Normalmente um grupo mais fraco subjuga outros povos obrigando-os a migrar.

   d) Povos provenientes de diásporas podem se miscigenar e gerar outras representações.

3. O pensamento vigente desde a Antiguidade apontava para a inferioridade feminina e a mais patente de todas as polaridades

era explicada em termos de uma hierarquia baseada na própria natureza. Marque a alternativa que melhor confronta a afirmativa anterior:

a) As mulheres são consideradas mais fracas, logo, são inferiores e têm um lugar determinado na sociedade, com o objetivo exclusivo da maternidade.

b) A biologia comprova cientificamente a inferioridade das mulheres em relação aos homens, logo, não é apropriada uma troca de papéis na sociedade.

c) O Ser mulher é uma construção social e é necessária a desconstrução da ideologia dominante, considerando que os papéis se equivalem.

d) A mulher, apesar de biologicamente inferior ao homem, é considerada fundamental para a continuidade da espécie humana.

4. Muitos estudiosos evitam usar o conceito de etnia por não encontrarem definições precisas para ele. Assinale a alternativa que contém os termos que normalmente se confundem com o conceito de etnia:

a) Povo e nação.

b) Nação e raça.

c) Civilização e cultura.

d) Cultura e raça.

5. Marque a alternativa que melhor se coaduna com a afirmação bíblica "O corpo é o templo da alma":

a) O corpo deve ser santificado e zelado para que possa ser instrumento da vontade divina e habitação salutar para a alma.

b) O corpo considerado sagrado caminha com o profano; logo, será o reflexo do comportamento do indivíduo em sociedade.

c) O corpo, ao longo da história, foi utilizado como instrumento de dominação e poder pelas castas sacerdotais e por dirigentes políticos.

d) A escravidão e a violência doméstica são consequência do direito concedido a alguns homens de dominar o corpo e a alma de seus empregados e familiares.

Atividades de aprendizagem

Questões para reflexão

Leia o trecho a seguir, retirado da obra *O que é cultura*, de José Luiz dos Santos, e responda às questões que seguem.

Nas transformações da ideia de cultura durante os séculos XVIII e XIX, a discussão sobre cultura surgiu associada a uma tentativa de distinguir entre aspectos materiais e não materiais da vida social, entre a matéria e o espírito de uma sociedade. Até que o uso moderno de cultura se sedimentasse, cultura competiu com a ideia de civilização, muito embora seus conteúdos fossem frequentemente trocados. Assim, ora civilização, ora cultura serviam para significar os aspectos materiais da vida social, o mesmo ocorrendo com o universo de ideias, concepções, crenças. Com o passar do tempo, cultura e civilização ficaram quase sinônimas, se bem que usualmente se reserve civilização para fazer referência a sociedades poderosas, de longa tradição histórica e grande âmbito de influência. Além do mais, usa-se cultura para falar não apenas em sociedades, mas também em grupos no seu interior, o que não ocorre com civilização. (Santos, 2006, p. 35-36)

1. Explique por que, para definirmos cultura, utilizamos tanto os aspectos materiais quanto os não materiais de um povo. Ainda, pesquise imagens, vídeos ou músicas que representem ambos os aspectos.

2. Sintetize a diferença entre *cultura* e *civilização* e apresente argumentos que justifiquem sua resposta.

Atividade aplicada: prática

O método etnográfico consiste em descrever e analisar os agrupamentos humanos ao apontar as características culturais que os diferenciam. Leia os fragmentos a seguir, pesquise mais sobre a etnografia e faça um trabalho de campo nos lugares de sua convivência (trabalho, vizinhança, bairro ou mesmo a cidade como um todo), buscando descrever e analisar alguns agrupamentos que você identificou. Organize as informações em forma de um relatório de campo.

A etnogeografia atenta para as regiões fronteiriças, para as zonas de contato e intercâmbio, e fornecem-nos um quadro teórico que rompe com os conceitos que estabelecem linhas demarcatórias sólidas entre uma cultura e outra. Ou seja, a etnografia não é simplesmente um método, é o esforço elaborado para uma descrição densa. (Geertz, 1989)

A [...] etnografia científica tem como função separar claramente, de um lado, os resultados da observação direta das afirmações e interpretações dos nativos e, de outro, as interferências do autor, baseadas em seu bom senso e em seu discernimento psicológico. A pesquisa deve ser apresentada de modo que o leitor possa estimar com precisão o grau de familiaridade do autor com os fatos que descreve e formar uma ideia a respeito das condições sob as quais as informações foram obtidas [...] na etnografia, onde o autor é ao mesmo tempo seu próprio cronista e historiador, não há dúvida de que suas fontes sejam por um lado facilmente acessíveis, mas também extremamente complexas e enganosas. (Malinowski, 1986, p. 26)

Indicação cultural

Onde sonham as formigas verdes (*Wo die grünen Ameisen träumen*) é um filme dirigido por Werner Herzog e lançado em 1983 (Alemanha). Retrata algumas peculiaridades da cultura dos povos da Austrália e os conflitos ideológicos ocasionados pelo choque cultural entre a sociedade capitalista e a aborígene.

ONDE sonham as formigas verdes. Direção: Werner Herzog. Alemanha: Zweites Deutsches Fernsehen (ZDF); Werner Herzog Filmproduktion e Pro-ject Filmproduktion, 1984. 100 min.

Terra vermelha é um filme brasileiro dirigido por Marcos Bechis e lançado em 2008. Baseado em fatos reais, o filme retrata a cultura e os modos de vida dos indígenas do Mato Grosso, o retorno aos antigos territórios e a luta pela terra.

TERRA vermelha. Direção: Marcos Bechis. Brasil: Classic, Kartafilm, Gullane Filmes, 2008. 104 min.

5 Geografia e representação

Neste capítulo, você compreenderá que as representações são formas de linguagem, ou seja, têm a função de comunicar algo a alguém. Na geografia, a preocupação maior é acerca das representações do espaço geográfico, o que envolve, além dos aspectos naturais, elementos sociais e culturais. A principal forma de representação do espaço utilizada pela geografia são os mapas, que, mesmo antes de essa ciência existir, tinham por finalidade comunicar e armazenar informações espaciais. Atualmente, é possível a elaboração de formas diferenciadas de mapas que vão além da representação de elementos do espaço, feita por órgãos oficiais de cartografia e geografia, como os mapas mentais, a cartografia social e a colaborativa. Além dos mapas, é comum relacionar a geografia com outras formas de representação do espaço, como as mídias, o cinema, a música e as religiões.

5.1 O conceito de representação

A palavra *representação* provém do latim *repraesentare* e pode ser entendida, de um modo geral, como fazer presente alguém ou alguma coisa ausente por meio de um objeto ou de um signo. No entanto, o significado da palavra depende do contexto no qual é utilizada. Henri Lefebvre (1901-1991), em seu livro *La présence et l'absence: contribution à la théorie des représentations* (*A presença e a ausência: contribuição à teoria das representações*, 1983), apresenta seis exemplos distintos do uso dessa palavra:

1. Significado científico do termo: uma curva representa um fenômeno físico de vários parâmetros etc.

2. Significado político: um deputado representa um território e seus habitantes, na democracia parlamentarista — o significado "representa" os trabalhadores de uma empresa ou de um grupo de empresas etc.

3. Significado mundano: fazer-se representar em uma cerimônia, estar em representação, ou seja, ser o espetáculo etc.

4. Significado comercial: há representantes do comércio que representam tal casa, que colocam os produtos de tal companhia.

5. Significado estético, em sua vez plural: um quadro que representa uma cena histórica ou uma paisagem, uma companhia de teatro representa tal cena histórica, tal personagem etc.

6. Significado filosófico, o mais amplo, sem dúvida o mais importante e o que tem a chave das demais. Invade o pensamento filosófico desde Kant, sem definir-se claramente por ele. Para a filosofia moderna, a representação não é nem a verdade nem o erro, nem a presença nem a ausência, nem a observação nem a produção, senão algo intermediário. (Lefebvre, 1983, p. 15, tradução nossa)

Já a definição do conceito de representação é complexa e há muito tempo compõe o fundamento de várias pesquisas, como

as da teoria geral dos signos (semiótica ou semiologia), da psicologia cognitiva, da neurociência, da linguística e das ciências sociais. Esse conceito foi entendido em diversos contextos históricos e, muitas vezes, tido como sinônimo de signo. Do século XII ao XVI — portanto, durante a Idade Média e o Renascimento —, a ideia de representação era compreendida, sobretudo, com base na similitude, ou seja, na concepção de que o signo representava algo em decorrência das semelhanças com aquilo a que se referia. Já no século XVII (Idade Moderna), a similitude, ou seja, a noção de que as palavras e as coisas se remetiam umas às outras, deixou de ser a forma preponderante de saber e em seu lugar ganhou destaque a ideia de representação. Com isso, a representação seria a ligação (o intermédio) entre a palavra e a coisa representada. Para tanto, a linguagem passou a organizar as coisas para o pensamento (Gambarato, 2005).

Na virada do século XIX para o XX, destacou-se o filósofo norte-americano Charles Sanders Peirce (1839-1914), um dos maiores pensadores relacionados à teoria dos signos. Para ele, o signo era aquilo que, em determinado aspecto, representava alguma coisa para alguém (representante), criando na mente desse alguém um signo equivalente (interpretante) da coisa representada. Sobressaiu-se a partir disso a ideia de *interpretante*, um signo equivalente que se forma na mente do intérprete no momento em que ele percebe o representante, o que faz que ele o interprete de determinada maneira. Assim, para Peirce, a representação envolveria relações contínuas entre três elementos (relação triádica): o signo, o objeto e o interpretante. Esses termos atuariam determinando ou sendo determinados pelos outros elementos da tríade (Gambarato, 2005). Vejamos um exemplo dessa relação nos mapas cartográficos: ao observarmos um mapa rodoviário, notamos um signo com um garfo e uma faca. O propósito desse signo não é representar simplesmente um garfo e uma faca, mas sim um restaurante. Desse modo, o signo do restaurante criado na mente é o interpretante: o garfo e a faca formam o signo e o restaurante corresponde ao objeto representado.

Outro nome que se destaca no campo da semiótica é o do linguista suíço Ferdinand de Saussure (1857-1913). Para ele, a linguagem seria formada pela soma da língua (idioma imposto ao indivíduo) com a fala (ato individual), sendo esta última a condição de ocorrência da primeira. O conceito de signo linguístico desenvolvido por Saussure pode ser definido como a soma do significado com o significante, ou seja, do conceito (parte mental) com a forma gráfica e o som (parte material). Esse conceito seria inerente ao mundo da representação e precisaria ser contextualizado socialmente para fazer sentido. Assim, toda palavra teria um significado e poderia ser considerada um signo linguístico (Costa, 2008). Como exemplo disso, pense a respeito da palavra *mapa*. Ela une conceito, escrita e som, ou seja, significado e significante, e é, portanto, um signo linguístico.

Ainda no campo da linguística, convém destacar algumas ideias do filósofo russo Mikhail Bakhtin (1895-1975), que se dedicou aos estudos referentes à construção dos signos e dos enunciados. Para ele, a construção dos signos seria dialógica, ou seja, proveniente do processo de interação social mediado pela linguagem. A representação seria um tipo de linguagem, isto é, uma construção de signos elaborada socialmente por meio da comunicação. Nesse sentido, entendemos que um signo só pode existir e significar algo quando as pessoas estão inseridas em determinado contexto social e em um momento histórico específico. Quando um signo é retirado de seu contexto comunicativo, transforma-se em um sinal passível apenas de identificação (Kozel, 2007).

No entanto, para Bakhtin, o signo não seria a unidade básica da linguagem, mas sim o enunciado. A diferença entre signo e enunciado é que este, para existir, necessitaria da presença de ao menos dois sujeitos históricos, um enunciador (quem fala ou quem escreve) e um receptor (quem ouve ou quem lê). Assim, podemos estimar que todo enunciado é um diálogo, um acontecimento único que não se pode repetir. Nas palavras de Kozel (2007, p. 131), "é a enunciação o elo vivo, real da comunicação, que ao estabelecer comunicação com enunciados anteriores, aponta para enunciados futuros estabelecendo uma corrente contínua na comunicação entre os sujeitos, que sempre é dialógica". Dessa forma, uma frase, um livro, um quadro, uma partitura musical, uma obra de arte ou mesmo um mapa podem ser considerados formas de enunciados (Kozel, 2007).

Além da perspectiva da semiótica, a representação também foi e ainda é abordada pelas ciências cognitivas (aquelas que se preocupam em estudar a mente humana e a inteligência, como a psicologia cognitiva e a neurociência) e seus paradigmas não homogêneos. Entre as vertentes dessas ciências, convém destacarmos o embate entre o cognitivismo e o conexionismo. A primeira considera que os processos de transmissão neurais podem ser interpretados em um nível biossemiótico, ou seja, em um nível de processos de comunicação, significação e cooperação entre seres vivos; nesse sentido, destacam-se os trabalhos de Philip Johnson-Laird (1936-). Já a segunda vertente entende que o conhecimento é representado mentalmente na condição de ligações fisiológicas das redes neurais; Stephen Palmer é um dos pesquisadores que se destacam entre os conexionistas. As diferenças e as incompatibilidades entre essas vertentes indicam uma complementariedade, pois ambas são entendidas como se referindo a diferentes níveis de descrição de processos mentais (Gambarato, 2005).

Nas ciências sociais, a ideia de representação passou do individual (comum à semiótica, à psicologia e à neurociência) para o coletivo, como nos trabalhos desenvolvidos por sociólogos como o francês Henri Lefebvre; o canadense Erving Goffman (1922-1982), o romeno Serge Moscovici (1925-2014) e o francês Pierre Bourdieu (1930-2002).

Com base na ideia de representação, Lefebvre propôs uma divisão triádica do espaço — prática espacial, espaços de representação e representações do espaço —, a qual é bastante útil para estudos de geografia cultural e de geografia social. A prática espacial corresponde ao espaço percebido, ou seja, o espaço do cotidiano em que cada indivíduo desenvolve suas competências como ser social situado no tempo e no espaço. Já os espaços de representação são os espaços vividos e envolvem espaços físicos carregados de sistemas simbólicos, imagens e imaginários. Ainda, a representação do espaço, ou *espaço concebido*, está ligada às relações de poder e de produção e é, portanto, ideológica. É o espaço de administradores, planejadores, *designers*, urbanistas, que buscam dominar os outros dois espaços por meio de sistemas de signos elaborados intelectualmente, ou seja, por meio do discurso (Lefebvre, 1974).

As interações sociais entre integrantes de grupos são importantes nas ciências sociais e resultam nas chamadas *representações sociais*. Estas se apresentam como uma maneira de interpretar e pensar a realidade cotidiana considerando o contexto no qual se situam grupos e pessoas, pela comunicação que se estabelece entre eles por meio de símbolos, códigos, valores e ideologias relacionados às posições e às vinculações sociais. Desse modo, a representação seria a atribuição da posição que as pessoas ocupam na sociedade, uma vez que toda representação social seria a representação de alguma coisa ou de alguém (Sêga, 2000).

O termo *representação social* teve origem nas pesquisas do sociólogo romeno Serge Moscovici, que, usando a ideia de representação coletiva de Émile Durkheim (1858-1917), propôs o estudo das simbologias sociais e do modo como essa forma de representação da realidade e produção do conhecimento influenciaria a construção da cultura. Nesse contexto, as representações, para Moscovici, tinham a mesma natureza dos grupos sociais e evidenciavam-se por atitudes e ações que teriam por base processos mentais (Sêga, 2000). O pensamento de Moscovici contribuiu para inseri-lo no grupo de pesquisadores do interacionismo simbólico, como Erving Goffman.

Sociólogo de formação, Goffman pessoalmente não se considerava do grupo de pesquisadores do **interacionismo simbólico**, mas seus trabalhos contribuíram, sobretudo, para essa área. Influenciado pela dramaturgia, estudou as interações sociais por uma perspectiva de representação de papéis, como em uma peça teatral. Nas palavras de Goffman (2013, p. 34): "Venho usando o termo 'representação' para me referir a toda atividade de um indivíduo que se passa num período caracterizado por sua presença contínua diante de um grupo particular de observadores e que tem sobre estes alguma influência". Desse contexto emergiu a ideia de *ator social*, ou seja, aquele que, ao interagir socialmente, representa uma imagem pública de si mesmo. De acordo com a proposta de Goffman (2013), poderiam existir dois tipos de atores sociais: o sincero e o cínico. O primeiro corresponderia àquele que acredita no próprio papel representado, enquanto o segundo seria aquele que não acredita na própria representação e não se preocupa com o que o público (outras pessoas com as quais interage) acredita. Os trabalhos de Goffman podem embasar pesquisas significativas da geografia do cotidiano, devido, principalmente, à possibilidade de considerar o espaço como a base que possibilita as relações entre os indivíduos (atores sociais).

Outro sociólogo de destaque que tratou da ideia de representação foi Pierre Bourdieu. Para ele, o espaço social seria configurado como uma representação definida pelo consenso ao redor de determinada lógica simbólica. Com isso, a subjetividade dos indivíduos seria composta de sistemas de ideias e representações adquiridas ao longo de suas trajetórias sociais nas diversas esferas do espaço social e que fariam referência ao *habitus*. Podemos compreender tais sistemas de ideias e representações como "visões de mundo", tais como os sistemas religiosos, morais, políticos, ideológicos, entre outros. O *habitus*, por sua vez, funcionaria como um elemento que possibilitaria aos agentes sociais elaborar suas estratégias de ação em conformidade com as ideias e as representações adquiridas ao longo de sua trajetória. O *habitus* seria, então, um princípio gerador e organizador de práticas sociais e representações (Silva, 2005). Assim como os trabalhos de Lefebvre e Moscovici, os de Bourdieu podem fundamentar pesquisas interessantes da geografia cultural e das representações sociais, principalmente quanto à relação entre cultura, poder e identidade.

5.2 A geografia como forma de representação

O desenvolvimento da geografia moderna contribuiu de forma efetiva para a questão da representação, sobretudo a representação do espaço geográfico, que há muito tempo ocupa o núcleo dessa ciência. Essa questão não seguiu um caminho linear, mas acompanhou a evolução do próprio pensamento geográfico, seus embates, suas críticas e suas renovações, e se estruturou na fusão de várias correntes. Desse modo, podemos supor que não existe um único espaço, mas vários, cuja origem pode ser: ontológica e existencial, quando o espaço é tido como um ser, um objeto; epistemológica, quando o espaço se torna um conteúdo e tem propriedades próprias; psicológica, quando o espaço é uma construção, um processo com participação do indivíduo; e lógica, quando se torna uma relação, um sistema de referências ou um sistema sociocultural (Oliveira, 2004).

A ideia de espaço envolve, ainda, um elemento teórico (conceito) e um prático (vivência). Quanto ao elemento teórico, o espaço pode ser entendido como substância (ser independente), propriedade (estados e alterações), relações (entre objetos) e representações (das relações). Já em relação ao elemento prático, o espaço pode ser vivido (de sobrevivência e das experiências), de relacionamentos (cotidiano), de movimentação, de apreciação cultural ou de organização. Assim, há três maneiras de se refletir o espaço: absoluta, quando o espaço é um ser independente da matéria; relativa, quando se estabelecem relações entre objetos, isto é, entre matéria; e relacional, quando a existência de um objeto faz sentido na medida em que representa para si mesmo as relações com outros objetos. Convém destacar que o espaço pode ser transformado em uma ou outra dessas maneiras em decorrência do interesse ou das circunstâncias (Oliveira, 2004).

Para a geografia, o espaço é principalmente geométrico e simbólico e constitui uma verdadeira linguagem espacial geográfica, pois ele é mapeado, mensurado, representado como processo, reconstrução e representação mental e gráfica (Oliveira, 2004). Ao se depararem com o espaço construído pelas próprias pessoas, os geógrafos se preocupam em analisar e compreender movimentos, fluxos, símbolos, desejos, valores, redes, qualidades, entre outros aspectos, por perspectivas diversas.

Para orientar a análise dos fenômenos espaciais, os geógrafos fazem uso de cinco categorias espaciais: o próprio espaço, o território, a região, a paisagem e o lugar. Cada uma dessas categorias contribui para a representação de fenômenos do espaço geográfico, que envolvem, além de atributos naturais, toda a complexidade das sociedades humanas e suas relações com o meio.

A paisagem ocupa lugar de destaque, pois, desde a fundação da geografia moderna por Alexander Von Humboldt (1769-1859) e Karl Ritter (1779-1859), sua observação e sua descrição representaram relações entre fenômenos visíveis na superfície terrestre, além da harmonia e da interação dos elementos naturais. Afora a paisagem, o território ganhou destaque com Friedrich Ratzel (1844-1904) e sua ideia de espaço vital. As críticas às formulações de Ratzel por Paul Vidal de La Blache (1845-1918) fizeram surgir a noção de gênero de vida, o que possibilitou os estudos comparativos entre regiões. Notamos, então, que, para abordar diferentes fenômenos do espaço, esses geógrafos trabalhavam com categorias de análise (conceitos) que envolvem ideias complexas. Nesse contexto, *paisagem* envolveria estrutura e percepção, *território* envolveria poder político sobre o espaço e recursos diversos, enquanto *região* abrangeria uma fração do espaço com características próprias definidas.

De um modo geral, essas três categorias (paisagem, território e região), além do próprio espaço, perduraram até meados da década de 1940. No pós-Segunda Guerra, notou-se uma considerável variação quanto ao uso dos principais conceitos utilizados pela geografia, o que foi influenciado por vertentes distintas do pensamento científico. Por exemplo: o retorno do positivismo possibilitou a representação do espaço geográfico por meio de modelos matemáticos relativamente abstratos, enquanto a geografia crítica entendia o espaço como um produto das relações sociais. Já a perspectiva ambientalista procurou compreender a percepção das pessoas e suas reações diante de fenômenos naturais inesperados e da qualidade de vida e do bem-estar nos ambientes urbanos construídos, sobretudo, por meio de representações de imagens mentais. A nova geografia cultural passou a considerar os significados das paisagens e do lugar e a importância da cultura e da memória para o dinamismo de regiões. No entanto, foi com a geografia humanista que a categoria de *lugar* passou a representar a relação afetiva entre pessoas, grupos e espaços vividos. Com isso, ganharam importância as experiências individuais e coletivas dos espaços, o que envolveu sentimentos, valores e o imaginário. Além do lugar, ganhou destaque o conceito de paisagem como uma forma de representação do espaço vivido e das identidades individual e coletiva.

Ao tratar de representação em geografia, devemos abordar uma questão básica e que perpassa o tempo e as diferentes vertentes do pensamento geográfico: os mapas. Os primeiros trabalhos modernos dessa ciência, como os de Humboldt e Ritter, já apresentavam mapas temáticos de qualidades técnica e artística impressionantes. Ao longo do tempo, diferentes formas de mapa foram desenvolvidas. Apresentaremos algumas a seguir, ao abordarmos a linguagem de representação da geografia.

5.3 A linguagem de representação da geografia

Os geógrafos concebem o espaço usando conotações diferenciadas. Contudo, a preocupação com essa representação está presente na geografia desde sempre, pois é uma construção de signos, um produto social proveniente da comunicação. Portanto, a representação é uma forma de linguagem. Tradicionalmente, a linguagem cartográfica é a principal forma de representação do espaço; atualmente, porém, foram incorporados a essa forma a linguística, a comunicação, a cultura, os valores, os significados e a ideologia (Kozel, 2004). Nesse contexto, um mapa pode ser entendido como um sistema de signos específicos, ou seja, um universo próprio de linguagem, cujo domínio vai muito além de sua mensagem explícita, servindo, assim, para veicular ideologias e instrumentalizar leitores (Lévy, 2008). Diante disso, podemos entender que um mapa não é uma simples representação passiva da realidade, mas uma interpretação de determinada verdade.

A seguir, você conhecerá um pouco da história da cartografia tradicional para, em seguida, explorar formas alternativas de mapeamento, como os mapas mentais e a cartografia social e colaborativa.

5.3.1 Breve histórico da cartografia

A evolução cartográfica conta a história e as mudanças do conhecimento humano de mundo, suas técnicas, suas práticas socioculturais e seus valores. Muito antes da geografia e da cartografia se tornarem ciências (o que aconteceu nos séculos XIX e XX), os seres humanos de diversas partes do mundo representavam usando como símbolos elementos da superfície terrestre, como animais, florestas, rios, mares e cenas do cotidiano, além de rituais, mundos imaginários, eventos astronômicos, entre outros. Assim, podemos pensar que a história da cartografia é mais antiga do que a própria história humana, pois precede à escrita (IBGE, 2015). Como exemplo disso, temos as incríveis pinturas pré-históricas em cavernas, como de Lascaux e Chauvet, na França, de Altamira, na Espanha, e mesmo da Serra da Capivara, no Brasil.

No entanto, a evolução cartográfica fez que as dimensões do mito e do imaginário humano fossem eliminadas em detrimento da valorização do uso técnico, sobretudo para exploração, guerra e controle governamental (Lévy, 2008). Estima-se que os mapas mais antigos conhecidos até o momento datem de 6 mil anos antes de Cristo, como o de Ga-Sur, feito pelos babilônios sobre uma placa de argila cozida e que representava, entre outras coisas, os rios Tigre e Eufrates, e o de Çatalhüyük, feito em uma parede, que representava o assentamento de mesmo nome localizado onde hoje é o Planalto de Anatólia, na Turquia (Iescheck, 2010). Além disso, há registros de mapas feitos por inuítes, astecas, chineses, egípcios e diversos outros povos e culturas.

Foi durante o período da Grécia Antiga (1100 a.C. a 146 a.C.) que a base do sistema cartográfico atual foi desenvolvida, devido, sobretudo, à contribuição de astrônomos, matemáticos e militares (IBGE, 2015). Naquela época, Eratóstenes calculou o raio da Terra, Ptolomeu (90 d.C.-168 d.C.) desenvolveu o sistema de coordenadas geográficas (latitude e longitude) e as projeções cartográficas cônicas e Crates de Malo (180 a.C.-150 a.C.) elaborou o primeiro globo terrestre (admitindo o formato esférico do planeta) (IBGE, 2015).

Durante o período do Império Romano (27 a.C. a 476 d.C.), os mapas eram desenvolvidos com a finalidade prática da administração do Império (IBGE, 2015). Parte do conhecimento grego sobre mapas havia sido perdida, como as projeções, os sistemas de coordenadas e a noção de esfericidade da Terra. Os mapas romanos tinham o formato de disco, nos quais Roma ocupava a posição central e de onde partiam as principais rotas comerciais e militares do Império, que não eram poucas (IBGE, 2015). Aí está a explicação sobre a origem da frase "Todos os caminhos levam a Roma". Esse tipo de mapa ficou conhecido como *Orbis Terrarum*, e o mais polular deles foi elaborado por Marcus Vipsanius Agrippa (63 a.C.-12 a.C.) em 20 d.C. (IBGE, 2015).

Na Idade Média (476 a 1453), os *Orbis Terrarum* romanos foram adaptados à teologia cristã. Assim, Roma foi retirada da porção central e Jerusalém passou a se destacar nos mapas europeus do medievo (IBGE, 2015). Além disso, era comum adornar os mapas com pinturas religiosas e representações fantásticas do paraíso bíblico. As melhores representações da Terra, elaboradas no período medieval, foram as cartas náuticas, também chamadas de *cartas portulanas* (IBGE, 2015). Apesar de não apresentarem projeções cartográficas nem coordenadas geográficas, eram úteis aos navegadores do Mar Mediterrâneo.

Enquanto a cartografia pouco se desenvolveu e até mesmo retrocedeu na Europa medieval, ela foi aprimorada por povos árabes, que preservaram e aperfeiçoaram o conhecimento grego (Iescheck, 2010). Além disso, os árabes passaram a utilizar instrumentos chineses, como a bússola, que revolucionaram a cartografia na Europa séculos depois. Entre os geógrafos árabes, destacou-se Abu Abdullah Muhammad al-Idrisi (1100-1165), que em 1154 elaborou um grande mapa-múndi acompanhado de um livro chamado *Geografia* (Iescheck, 2010).

Durante o Renascimento (fim do século XIV e início do século XVII), os mapas passaram a se desenvolver rapidamente, em virtude, sobretudo, da redescoberta da cartografia grega pelos europeus por influência dos povos árabes (Iescheck, 2010). Além disso, os europeus também passaram a utilizar instrumentos como a bússola e o astrolábio. A invenção da imprensa (no século XV) popularizou os mapas, que eram, até então, de posse exclusiva das elites. As Grandes Navegações ampliaram a noção do mundo conhecido pelos europeus e a colonização tornou necessário o mapeamento das novas colônias. Em 1522, foi concluída a expedição de circum-navegação comandada por Fernão de Magalhães (1480-1521), que foi morto no trajeto em 1521 (IBGE, 2015). Essa expedição comprovou a noção de esfericidade da Terra. Nesse contexto, surgiu o cartógrafo holandês Gerhard Kremer (em latim *Gerardus Mercator*, 1512-1594), que ficou conhecido por apresentar, em 1569, uma projeção cartográfica cilíndrica que recebeu seu nome (IBGE, 2015). Além disso, Kremer foi quem nomeou uma coleção de mapas de *atlas*, em homenagem ao titã da mitologia grega condenado por Zeus a sustentar os céus para sempre.

A partir do fim do século XVII, muitos países europeus desenvolveram projetos para cartografar seus territórios, e assim foram fundados os serviços geográficos e cartográficos oficiais na Alemanha, na Inglaterra, na França, na Áustria e na Suíça. Os mapas tornaram-se extremamente úteis aos interesses dos governos europeus relacionados às questões militares e territoriais.

Do século XX até os dias de hoje, a elaboração de mapas cresceu e foi fomentada em decorrência de interesses específicos, das atividades humanas e da rápida evolução tecnológica (IBGE, 2015). As duas grandes guerras mundiais contribuíram para a cartografia ao introduzir novos aparelhos e técnicas, como as fotografias aéreas. O uso de computadores e satélites, o desenvolvimento do sensoriamento remoto por satélites e do Sistema de Informações Geográficas (SIG) e a realização de voos espaciais durante a Guerra Fria e a Guerra do Golfo possibilitaram uma visão total do planeta e a elaboração rápida e ainda mais precisa de mapas, cartas e modelos digitais de terreno (IBGE, 2015).

Por fim, a partir dos anos 2000, notamos a popularização de tecnologias antes de uso exclusivamente militar, como o GPS e o sensoriamento remoto. Além disso, a difusão dos *smartphones* e do acesso à internet facilita, e até mesmo banaliza, o uso de aplicativos de localização, o acesso a *softwares* de modelos virtuais do planeta e a elaboração de mapas colaborativos sobre qualquer tema.

É importante notar que, ao longo da história da cartografia, o poder de elaboração e até mesmo o uso dos mapas comumente se concentrou nas elites econômicas, políticas e religiosas. Mesmo nos dias de hoje, com a popularização dos mapas, as grandes empresas são as responsáveis pela produção e pela manutenção desses serviços. Ou seja, a cartografia tradicional, do modo como foi apresentada, sempre esteve relacionada a grupos específicos, que registraram, transmitiram, comunicaram e representaram por meio dos mapas seus interesses e suas necessidades, suas experiências e suas "visões de mundo".

5.3.2 Os mapas mentais

Os mapas tradicionais caracterizam-se por serem mídias massivas destinadas a receptores que não interferem em suas elaborações e cujas impressões e julgamentos de conteúdos e mensagens difundidas são pouco significativos. Tais mapas são, portanto, formas dominantes de representação do espaço. Porém, tanto a geografia cultural quanto a geografia humanista valorizam experiências vividas, sentimentos, percepções e imaginações espaciais, necessitando, assim, de recursos e estratégias para demonstrar tais subjetividades. Nesse contexto, a cartografia sob o viés humanista busca representar e tornar visíveis pensamentos, atitudes e sentimentos tanto sobre o espaço vivido quanto sobre mundos imaginários, razão pela qual pode ser entendida como uma cartografia subversiva, um contramapeamento ou um mapa não convencional (Seemann, 2003; 2010).

Essa perspectiva cartográfica teve origem entre as décadas de 1950 e 1970, ainda sob a hegemonia da nova geografia. Nesse período, conforme Kozel (2007, p. 117), "surgem as pesquisas de Kirk (1952), Gould e White (1973) sobre as preferências espaciais estabelecidas em espaços topográficos percorridos no cotidiano e escolha de itinerários, visando o planejamento urbano e regional. Desses estudos surge o termo carta mental". Em 1989, o geógrafo Peter Jackson publicou o livro *Maps of Meaning* (*Mapas da mente*), no qual o mapa foi concebido simbólica e metaforicamente, envolvendo as subjetividades da mente humana. A partir de então, as experiências, as ideias e as imagens mentais que as pessoas têm do espaço podem ser representadas por meio dos mapas mentais (Seemann, 2010).

Convém um breve comentário para diferenciar *mapas mentais* de *mapas conceituais*, já que, muitas vezes, podemos confundi-los. Os *mapas conceituais* referem-se a uma técnica para aprendizagem significativa desenvolvida a partir da década de 1970 e que tem por objetivo relacionar e hierarquizar conceitos. Já os *mapas mentais* são associacionistas e não se preocupam com a relação entre conceitos, sendo, assim, elaborados livremente.

Os mapas mentais, em razão de suas características, não são representações espaciais sujeitas aos rigores cartográficos tradicionais, tais como projeções, escala ou precisão geodésica. Por isso, eles precisam ser compreendidos além do rigor científico, deixando margem para a imaginação e a criatividade humanas (Seemann, 2003). Ainda, segundo Nash (2002, citado por Seemann, 2010):

> mapas não consistem exclusivamente de pontos, linhas e polígonos, mas também contêm textos, não

apenas na forma de legendas e títulos, mas também como nomes de lugares e outros atributos do espaço. Essas práticas de nomear e renomear lugares revelam narrativas sobre experiências pessoais, posse de terra, deslocamento, migração, perda e autoridade.

A seguir, observe um exemplo de mapa mental elaborado por um estudante do 6º ano de uma escola pública da cidade de Curitiba com base na percepção de uma **paisagem sonora**[i] (observe a Figura 5.1).

Figura 5.1 – Exemplo de mapa mental

Fonte: Malanski, 2011, p. 267.

Nota: Observe a representação de signos referentes a ser humano, árvore e motosserra, além da onomatopeia "VRUUUM", referente ao som desse equipamento. Perceba também a ausência dos rigores cartográficos tradicionais, como legenda e escala.

i. A paisagem sonora utilizada para a elaboração do mapa mental pode ser ouvida em Mayer (2010) e foi produzida para uma pesquisa que avaliou o uso de paisagens sonoras para a abordagem do conceito de paisagem com estudantes do ensino fundamental, cujos resultados estão disponíveis em Malanski (2011).

Mais do que produtos estáticos, prontos, os mapas mentais envolvem processos. Assim, importam para suas análises os processos de produção, e não apenas os resultados finais. Nos processos de mapeamento mental ganham destaques os papéis dos mapeadores, que não necessariamente são geógrafos ou cartógrafos (Seemann, 2010). Com isso, tais mapas retiram poder dos órgãos cartográficos e geográficos oficiais, das grandes empresas, entre outros, e possibilitam às pessoas comuns e a pequenos grupos a chance de expressar opiniões, sentimentos e imaginações a respeito do espaço em que vivem. Observe a Figura 5.2, na sequência.

Figura 5.2 - Mapa mental elaborado por indígenas

Fonte: Sarde Neto, 2013, p. 115.

Nota: Representação de uma aldeia indígena karitiana. Observe a representação de elementos naturais e construídos e textos que dão nome aos espaços.

As pessoas materializam o espaço vivido e imaginado por meio de **representações sígnicas**; a própria consciência humana é uma construção de signos. No processo de mapeamento, o mapeador precisa estabelecer um sistema de signos ordenados, ou seja, atribuir significado aos significantes. Para tanto, ele generaliza, classifica, seleciona e contextualiza as informações a serem mapeadas, codificando o espaço vivido ou imaginado. O mapa mental torna-se, então, uma representação sígnica e gráfica de uma ideia, de um objeto ou espaço. Nesse sentido, Kozel (2007, p. 121) definiu *mapas mentais* como "uma representação do mundo real visto através do olhar particular de um ser humano, passando pelo aporte cognitivo, pela 'visão de mundo' e pela intencionalidade". Analise a Figura 5.3, a seguir.

Figura 5.3 - Diagrama-síntese do mapa mental

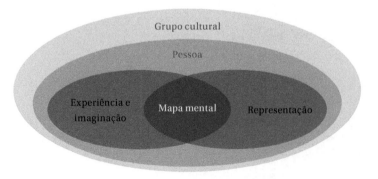

Fonte: Malanski, 2014, p. 41.

Nota: Entendemos o mapa mental como uma construção simbólica, originada da relação entre a experiência e a imaginação com a representação pessoal, influenciada por questões culturais.

Alguns fatores influenciam no processo de mapeamento mental, tais como: idade, destreza manual, agilidade verbal, experiência acerca do espaço e diferenças de pensamento entre quem elabora os mapas. Além disso, os mapeadores estão inseridos em grupos sociais com os quais compartilham experiências, informações e desejos, o que faz que os mapas mentais sejam uma mescla do geral e do particular, do social e do pessoal (Nuere, 2000).

Kozel (2007) entendeu os mapas mentais com base no **dialogismo** de Bakhtin. Assim, tais mapas seriam enunciados elaborados com certas intencionalidades por grupos sociais passíveis de leitura e interpretação, como os textos. Se, no processo de mapeamento mental, os mapas podem ser elaborados por quaisquer pessoas ou grupos, cabe ao geógrafo a função de lê-los e interpretá-los, isto é, de decodificar os conteúdos das representações de forma significativa. Cabe ressaltar que esse processo também é influenciado pela "visão de mundo" e pelas experiências do geógrafo, ou seja, sua análise não é neutra.

Para tanto, Kozel (2007, p. 133) propôs uma metodologia de leitura e interpretação de mapas mentais composta de quatro partes:

1. Interpretação quanto à forma de representação dos elementos na imagem;
2. Interpretação quanto à distribuição dos elementos na imagem;
3. Interpretação quanto à especificidade dos ícones:
   » Representação dos elementos da paisagem natural
   » Representação dos elementos da paisagem construída
   » Representação dos elementos móveis
   » Representação dos elementos humanos;
4. Apresentação de outros aspectos ou particularidades.

Notamos que a metodologia proposta pela autora está fundamentada no estabelecimento de relações entre os significantes e os significados dos signos e na reflexão a respeito de suas distribuições e organizações no mapa. Com isso, Kozel (2007) buscou generalizações a respeito do espaço mapeado sem perder informações relevantes e específicas a seu respeito (Malanski, 2014).

Ainda, para a interpretação de mapas mentais, é interessante adaptar a proposta de Simielli (1999) para a compreensão de mapas temáticos tradicionais. Conforme essa autora, os mapas podem ser compreendidos em três níveis, sendo eles a localização e a análise, a correlação e a sintetização dos elementos representados.

Ao relacionarmos as propostas de Kozel e Simielli para a interpretação de mapas, consideramos que os mapas mentais podem ser lidos e interpretados por meio das seguintes etapas (Malanski, 2014):

» **Forma de representação e distribuição dos elementos mapeados**: Forma de representação dos elementos em ícones, linhas, polígonos, letras, palavras, números etc., bem como a distribuição desses elementos em quadros, com ou sem perspectiva, isolados, na horizontal ou na vertical, na parte superior ou na parte inferior no mapa.

» **Identificação dos elementos mapeados**: Especificidade dos elementos (representação dos elementos da paisagem natural, da paisagem construída, dos elementos móveis e humanos etc.) e de outros aspectos ou particularidade representados no mapa.

» **Correlação dos elementos mapeados**: Decodificação das mensagens veiculadas ao mapa com base na análise e na correlação das representações com o referencial teórico utilizado.

» **Sintetização dos elementos mapeados**: Por meio da correlação estabelecida, sintetizam-se as informações obtidas a fim de compreender as mensagens mapeadas de um modo geral.

Comumente, os mapas mentais são elaborados individualmente; contudo, sua elaboração coletiva é possível, isto é, um único mapa pode ser produzido por um grupo de pessoas. A vantagem dessa forma de elaboração é que ela permite a interação entre os participantes e a interação destes com as representações elaboradas por outros, isto é, o mapa mental coletivo é um recurso produzido de modo dialógico. Nesse sentido, Malanski (2014, p. 45) definiu "um mapa mental coletivo como uma variação do mapa mental tradicional, mas produzido coletivamente através da livre participação de qualquer pessoa". Por serem variantes dos mapas mentais tradicionais, os mapas mentais coletivos podem ser lidos e interpretados por meio da metodologia apresentada anteriormente. Para facilitar, podemos dividi-los em conjuntos de signos sobre os quais será aplicada tal metodologia. A seguir, observe um exemplo de mapa mental coletivo já finalizado (observe o anexo).

Quanto à aplicação, os mapas mentais tradicionais e os coletivos podem ser úteis para trabalhos de percepção ambiental e urbanismo, pois são capazes de revelar o modo como as pessoas e os grupos se relacionam, percebem e imaginam o espaço em que vivem, em relação a aspectos visuais ou invisíveis; para pesquisas que envolvam diferenças de gênero e a percepção e a representação de elementos espaciais relacionados a esse fator; para a educação ambiental, uma vez que, com os mapas, podem ser trabalhados valores e atitudes relacionadas com o meio ambiente; para a alfabetização cartográfica, pois facilitam a compreensão da relação entre signos e objetos na representação do espaço; e para qualquer outro trabalho que envolva espaços vividos e imaginados.

5.3.3 As cartografias social e colaborativa

O desenvolvimento dos mapas mentais a partir da década de 1950 marcou uma nova fase da cartografia ao retirar o poder de mapeamento dos órgãos oficiais dos estados e atribuir a pessoas e grupos sociais a possibilidade de representar experiências vividas, percepções e imaginações do espaço que habitam. Em outras palavras, os mapas mentais possibilitaram o desenvolvimento de uma cartografia popular.

No contexto das geografias crítica e social, desenvolveram-se, sobretudo a partir da década de 1990, processos de inclusão direta de membros de comunidades locais nas práticas da cartografia, processo conhecido como *cartografia social*. Comumente tais membros representam populações locais sujeitas a algum risco de perda ou envolvidas em conflitos territoriais, como indígenas, quilombolas, moradores de rua, pequenos agricultores e extrativistas. Assim, os mapas sociais revelam ferramentas para mobilizar a comunidade e gerar debates locais sobre questões polêmicas, como a delimitação de territórios e territorialidades, a elaboração de planos de manejo de áreas de proteção e o zoneamento de terras indígenas de acordo com as etnias (Acselrad; Coli, 2008).

Diferentemente dos mapas mentais fundamentados em teorias humanistas, os fundamentos metodológicos da cartografia social estão na observação participante e em metodologias de pesquisa colaborativa (Acselrad; Coli, 2008). Na observação participante, o observador se insere em um grupo específico de pessoas ou em uma comunidade com o objetivo de participar, na medida do possível, de atividades cotidianas, tomadas de decisões, entre outros. Para tanto, ele utiliza técnicas capazes de captar significados e experiências subjetivas dos membros do grupo. Nesses casos, são comuns o uso de entrevistas com graus de formalidade diferentes e o desenvolvimento de mapas sociais. Já as pesquisas colaborativas são articuladas em projetos nos quais pesquisadores, participantes e instituições são ativos e interagem entre si com o desafio de construir conhecimento, solucionar problemas, transformar a realidade local e oferecer formação continuada.

A cartografia social é desenvolvida, sobretudo, por agências de desenvolvimento, como órgãos governamentais, organizações não governamentais (ONGs), organizações indígenas, universidades, entre outros. As tecnologias envolvidas variam muito e vão desde mapas feitos na terra, sobre bases cartográficas oficiais, até mapas com o uso de GPS e **Sistemas de Informações Geográficas** – SIG (Acselrad; Coli, 2008).

No Brasil, destaca-se o Projeto Nova Cartografia Social da Amazônia (PNCSA), criado em 2005 na Universidade do Estado do Amazonas (UEA) e coordenado pelo antropólogo Alfredo Wagner Berno de Almeida. O projeto busca o fortalecimento dos movimentos sociais por meio da autocartografia dos povos e das comunidades tradicionais da Amazônia, como indígenas, ribeirinhos, pescadores, quilombolas e quebradeiras de coco. Os mapas produzidos ajudam a ampliar o conhecimento sobre o processo de ocupação de comunidades da Amazônia e reúnem representações de identidades coletivas ligadas ao território (PNCSA, 2014a). No *site* do projeto é possível ter acesso aos mapas produzidos no âmbito da pesquisa, cujo endereço é <http://novacartografiasocial. com/>. Eles mostram os registros do PNCSA sobre conflitos sociais, áreas reservadas e territorialidades específicas em regiões próximas às margens do Rio Madeira. Diferentemente dos mapas mentais, os mapas sociais podem apresentar os rigores cartográficos tradicionais, como escalas, projeções e legenda.

O mapeamento livre (*open source,* de código aberto), ou mapeamento colaborativo, por sua vez, possibilita a cartografia, a edição e o compartilhamento de informações espaciais. Para tanto, utiliza o acesso às tecnologias da informática e oferece aos usuários a possibilidade de inserir sobre bases cartográficas digitais e georreferenciadas variadas informações, como problemas ambientais e comunitários, o trânsito das cidades, manifestações culturais, paisagens sonoras, entre outras (Crampton; Krygier, 2008). A origem dos mapas livres remonta à metade da década de 2000, quando foram feitas as primeiras modificações e manipulações não autorizadas em sistemas de computação (*hackeamento*) de mapas virtuais. De acordo com Crampton e Krygier (2008, p. 93, grifo do original):

> Hackeamento de mapas é a prática de explorar aplicações de mapeamento livre ou combinações da funcionalidade de um *site* com a de outro (conhecida às vezes como *mashups*). Essas explorações são possíveis devido à linguagem XML e interfaces de *aplications programming* (API). APIs definem o modo pelo qual uma parte de um *software* conecta-se com outra.

Ainda, quando estes *softwares* são livres, "significa que os programadores independentes podem conectar seu *software* com outros como Yahoo!, Google e Flickr" (Crampton; Krygier, 2008, p. 93). Desse modo, com o passar do tempo, plataformas digitais de mapeamento colaborativo foram desenvolvidas, como o *WikiMapps* e o *Wikimapia.* Além disso, também chama atenção o fato de inicialmente os mapas colaborativos não terem se desenvolvido com base em pesquisas de geógrafos ou cartógrafos, mas de programadores instigados com o potencial do mapeamento para oferecer informações significativas (Crampton; Krygier, 2008).

5.4 As relações entre a geografia e as demais formas de representação pelo prisma espacial

Atualmente, vivemos imersos em ambientes carregados de informações de todos os tipos, qualidades e fontes. Tais informações provêm, sobretudo, de técnicas e de objetos audiovisuais desenvolvidos para a cultura de massa e que estão relacionados a várias práticas cotidianas. Nesse contexto, convencionamos chamar tais técnicas e objetos de *mídias*, responsáveis pela produção cada vez maior de informações que representam a relação entre as pessoas e o meio e transmitem ideias e perspectivas de mundo que o torna algo compreensível e pictórico. Desse modo, mídias como o cinema, a televisão, livros, revistas e jornais, fotografias, celulares, *games* e a internet, assim como os próprios mapas, produzem, reproduzem e representam o espaço. Portanto, podemos afirmar que a grande aceitação e o uso (e mesmo a imposição) das mídias nas sociedades modernas tornou o espaço geográfico, além de físico e social, técnico e midiático (Name, 2013).

As informações produzidas e representadas pelas mídias comumente são associadas à cultura e aos grupos hegemônicos e apresentam vantagens em termos de abrangência popular, inerência no cotidiano e poder de convicção. É necessária, então, uma avaliação crítica dessas mídias quanto aos estereótipos, para que representações diferentes, marginais e transgressoras também possam ser conhecidas e avaliadas (Name, 2013).

Obras audiovisuais, como cinema, documentários e séries, representam o espaço geográfico e oferecem aos espectadores concepções que colaboram para a hierarquização do mundo, pois destacam a hegemonia de determinados grupos e culturas. Assim, aventuras em mundos antigos ou mesmo em "outros" mundos, perseguições policiais em metrópoles, romances em terras distantes, choques culturais entre o Ocidente e o Oriente e as guerras e os conflitos no Oriente Médio e no Sudeste Asiático, por exemplo, quando representados pelas obras, classificam e ordenam o espaço geográfico (Name, 2013).

Ainda sobre as obras audiovisuais, destacam-se nelas as paisagens como superfícies visuais dos acontecimentos, representações de cultura e identidade escolhidas para que sejam difundidas mundialmente, ou seja, a paisagem é representada com intenções simbólicas. Desse modo, é possível conhecermos símbolos, características, marcos espaciais, valores e outros aspectos de Nova Iorque, por exemplo, por meio das representações de seu *skyline*, ou de paisagens do Central Park em diferentes filmes e séries sem nunca termos ido até lá. Ainda, é possível conhecermos um pouco sobre a miséria e a violência que assolam o continente africano, os hábitos culturais chineses, o estilo de vida glamoroso e romântico dos europeus e a exuberância das formas de vida da Austrália e do Sudeste Asiático, além das adversidades naturais das regiões desérticas — polares ou não. No entanto, é fundamental que tenhamos em mente a avaliação crítica dessas representações, para que estereótipos não sejam tomados como verdades absolutas.

Além das paisagens, interessam para a questão da representação em geografia as análises dos personagens das obras audiovisuais, bem como da literatura e dos quadrinhos. Assim, os personagens representam um espaço ao mesmo tempo que carregam tal representação mundo afora (Name, 2013). Ainda, os personagens vivenciam os espaços e, assim, representam modos de vida distintos, desde o urbano e **cosmopolita** até o primitivo e "atrasado" (Name, 2013). Assim como na análise das paisagens, convém não nos esquecermos da noção de estereótipos também para os próprios personagens (Name, 2013). Exemplos de relações entre personagens e espaços geográficos característicos são diversos: Zé do Burro e o Nordeste brasileiro, Macunaíma e a Floresta Amazônica, Capitão Nascimento e o Rio de Janeiro, Frodo e o Condado, Mr. Bean e a Inglaterra, e Capitão América e os Estados Unidos. Podemos afirmar que todos eles são exemplos de "personagem geográfico", isto é, "uma forma de representação espacial, pois a ele se associam um ou mais espaços cuja singularidade se revela a partir de sua constante relação com o mesmo" (Name, 2013, p. 78).

Assim como a literatura, as músicas, por serem expressões culturais e sociais, também têm dimensões espaciais e, portanto, são passíveis de interpretações geográficas. Não só isso: as obras literárias e as músicas nascem em determinados contextos espaciais, temporais, culturais e sociais e difundem-se no espaço e no tempo explicitadas por meios de linguagens não científicas.

As músicas, em especial, fazem parte do cotidiano das pessoas, pois organizam memórias, alimentam a imaginação, sonorizam atividades do dia a dia e acontecimentos específicos, ou seja, contribuem para que o mundo tenha sentido. Além disso, sabemos que não existem sociedades nas quais a música não exista. Em virtude de suas dimensões espaciais e temporais, as músicas podem representar lugares e atribuir-lhes significados, servir como formas de protesto contra injustiças diversas, expressar identidades e valores culturais de determinados grupos, entre outras funções. Os exemplos são os mais diversos: "Asa Branca" e a vida no sertão de Luiz Gonzaga; *"Bulls on Parade"* (*"Tiras na parada"*) e a violência policial representada pela banda norte-americana Rage Against the Machine; e *"Tenere Taqqim Tossam"* ("Deserto ciumento") e a representação de aspectos culturais dos povos nômades do Saara, da banda malinesa Tinariwen.

Em um contexto amplo, as músicas criam e desenvolvem atividades econômicas (como produtoras, gravadoras, empresários e *merchandising*), sociais e culturais (como "celebridades", festivais, grupos folclóricos e moda); produzem cenas musicais que vão do local ao global (como a cena pernambucana dos anos 1990 com o manguebeat e a cena *pop rock* internacional) e territorialidades diversas, como as "tribos" urbanas (funkeiros, metaleiros, emos, sertanejos etc.).

Atualmente, em tempos de acelerado desenvolvimento tecnológico e meios de comunicação e informação em tempo real, a música, sobretudo a *pop*, consegue se difundir por quase todo o mundo. Já é comum o uso de reprodutores portáteis de *mp3* e vídeos, o *download* legal ou não de músicas, álbuns e *shows* pela internet e o acesso *on-line* a um gigantesco acervo musical. Nesse contexto, podemos nos lembrar dos videoclipes das músicas *"Gangnam Style"* do artista sul-coreano Psy, que ultrapassou a marca dos 2 bilhões de visualizações no *YouTube*, e *"Baby"*, do cantor canadense Justin Bieber, com mais de 1 bilhão de visualizações. Somamos a isso os inúmeros programas de televisão do tipo The Voice e Pop Idol, que buscam talentos musicais entre as pessoas de determinada região e oferecem em troca fama e contratos.

O interesse dos geógrafos pelas músicas envolve estudos a respeito da difusão de formas musicais e das representações do espaço e do imaginário geográfico nelas contidas, o que favorece o entendimento de culturas, de sociedades e das identidades dos lugares. Além disso, muitos professores de geografia já reconheceram o valor pedagógico das músicas para abordagem de temas diversos, como globalização, consumismo, migrações, meio ambiente, entre outros. As possibilidades de estudo das músicas pela geografia são extensas e variadas.

A vida moderna ocorre, sobretudo, nas cidades. As paisagens urbanas, feitas por ideias e construções, são um dos principais contextos da existência cotidiana e representam valores e identidades. Os edifícios são os elementos mais evidentes das paisagens urbanas e suas formas são reguladas por princípios estéticos e padrões variáveis ao longo do tempo e do espaço (Relph, 1987). Desse modo, tais paisagens são compostas de elementos com tempos e formas desiguais, resultantes de processos sociais, econômicos, culturais, políticos e tecnológicos.

Nos Estados Unidos e na China, por exemplo, as paisagens dos grandes centros urbanos são marcadas por gigantescos edifícios. Exemplo disso são a Oriental Pearl Tower e o Shangai World Financial, em Xangai, e o The Empire State Building e o novo One World Trade Center, construído no lugar das antigas torres do World Trade Center, em Nova Iorque. No Brasil, a tendência (e até mesmo a competição) de construção de grandes edifícios vem ocorrendo em cidades como Balneário Camboriú, em Santa Catarina.

Além disso, os avanços tecnológicos, sobretudo a partir do fim do século XIX, possibilitaram novas formas de construção e novos modos de vida urbanos. Nesse contexto, as paisagens das cidades podem ser consideradas formas de representação desses novos modos. A eletricidade mudou significativamente a vida social nas cidades, a invenção dos elevadores possibilitou a construção de edifícios cada vez mais altos; porém, o que realmente transformou o desenho e o modo de vida das cidades foi a invenção e a popularização dos automóveis. Com eles, as cidades precisaram se adequar de modo a comportar o crescente número de veículos, exigindo dos gestores urbanos intervenções drásticas nas paisagens urbanas, como a abertura de grandes vias de trânsito, vagas de estacionamento e soluções para amenizar os problemas ambientais causados pela emissão de poluentes e ruídos. Apenas como exemplo, em 1980, a frota da cidade de São Paulo era de 1,6 milhão de veículos aproximadamente. Em 2013, foram registrados quase 7,5 milhões de veículos na cidade. Se levarmos em consideração todo o Estado de São Paulo, no ano de 2013, foram registrados mais de 25 milhões de veículos, o que representa mais do que toda a população da Austrália. Em decorrência disso, evidentemente, as paisagens das grandes cidades mundiais são marcadas pelos retalhos formados pelos cruzamentos de ruas e avenidas, que também representam modos de vida urbanos.

As grandes populações e o tamanho das cidades, bem como seus problemas e suas características, exigem o desenvolvimento de políticas de planejamento, com vistas a novos planos e formas de ordenar quase todos os elementos urbanos. O planejamento e o *design* urbano são tarefas complexas que exigem a participação de diferentes profissionais do conhecimento, como arquitetos, urbanistas, engenheiros, geógrafos, geólogos, historiadores, sociólogos.

Além disso, as próprias formas das cidades podem representar valores, ideais e símbolos de um povo ou mesmo de toda uma nação. Vejamos dois exemplos disso: a forma de cruz arqueada que dá a noção de um pássaro ou de uma borboleta ao Plano Piloto de Brasília (Museu Virtual de Brasília, 2015) e as ilhas artificiais em forma de palmeiras em Dubai. A cruz de Brasília simboliza a conquista do território do centro-oeste brasileiro, enquanto as palmeiras de Dubai simbolizam fertilidade e orgulho, algo bem apropriado para representar o acelerado crescimento econômico e a drástica transformação urbana da cidade árabe nas últimas décadas.

Por fim, convém abordarmos brevemente algumas formas de representação de mundo bastante específicas, mas que influenciam diretamente a vida das pessoas e o modo como elas percebem e concebem o mundo, nas organizações sociais, nas expressões culturais dos povos e, até mesmo, nas paisagens por todo o mundo: as religiões. Do mesmo modo que as diferentes mídias, a música, a arquitetura e o urbanismo, as religiões também integram o espaço geográfico e comumente se utilizam das outras formas de representações para se organizarem. Não é conveniente realizarmos juízos de valor, comparações e classificações entre as diferentes religiões, mas sim reconhecê-las como sistemas simbólicos e ideológicos que apresentam sacralidades próprias (Gil Filho, 2004).

No Brasil, os estudos sobre religiões são ainda mais significativos devido ao sincretismo, à pluralidade e à dinâmica religiosa do país. Desde que o catolicismo deixou de ser a religião oficial do Estado (o que aconteceu com a Proclamação da República), o espaço religioso do país vem sofrendo mudanças constantes que levam, até mesmo, à competição entre religiões por espaços na sociedade e na política, além de casos de intolerância (Santos, 2002), principalmente contra religiões de matrizes africanas.

Os estudos das religiões pela geografia envolvem algumas abordagens, tais como a geografia religiosa, preocupada com a influência da religião na percepção humana do mundo; a geografia das religiões, que remete aos efeitos e às relações da religião na sociedade, no meio ambiente e na cultura; e a geografia do sagrado, que envolve as redes de relações em torno da experiência do sagrado, isto é, experiências que compreendem aspectos racionais (passíveis de apreensão conceitual por meio de suas qualidades) e não racionais (sentimentos religiosos) (Gil Filho, 2004).

Síntese

Neste último capítulo, compreendemos que a palavra *representação* pode ser entendida como tornar presente alguém ou alguma coisa por meio de um objeto ou de um signo. Já a definição do conceito de representação é complexa, variada e fundamenta pesquisas em diversos campos da ciência, como na semiótica, na psicologia cognitiva, na neurociência, na linguística e nas ciências sociais. De um modo geral, é possível compreendermos tal conceito como uma construção de signos, um produto social proveniente da comunicação, ou seja, a representação como uma forma de linguagem.

Na geografia, a questão da representação é muito importante, principalmente no que se refere à representação do espaço geográfico. O próprio espaço geográfico é, além de geométrico, simbólico e constitui uma verdadeira linguagem espacial geográfica, razão pela qual pode ser mapeado, mensurado, representado como processo, reconstrução e representação mental e gráfica. Nesse sentido, a linguagem cartográfica constitui a principal forma de representação espacial e, assim, podemos compreender os mapas como sistemas de signos específicos, isto é, universos próprios de linguagem cujo domínio vai além de sua mensagem explícita. No entanto, os mapas tradicionais caracterizam-se por serem formas de representação massivas e dominantes, pois impossibilitam que os usuários interfiram ou opinem em suas elaborações.

Na tentativa de representar experiências vividas, sentimentos, percepções e imaginações espaciais, desenvolveram-se a partir da década de 1970, no âmbito da geografia humanista, os mapas mentais, que se diferenciam dos mapas tradicionais por valorizarem subjetividades pessoais ou de grupos. Desse modo, os mapas mentais são formas de representação do espaço geográfico que não estão sujeitas aos rigores cartográficos; assim, suas elaborações precisam ser compreendidas como processos. Ainda, nesses processos, o mapeador não necessariamente é um geógrafo ou cartógrafo, podendo ser qualquer pessoa. Assim como um texto, os mapas mentais podem ser lidos e interpretados com uma metodologia específica, buscando-se com isso a decodificação das representações de forma significativa.

A cartografia no contexto das geografias crítica e social também passou por mudanças significativas, principalmente a partir dos anos 1990, com o desenvolvimento da cartografia social. Nessa forma de cartografia, comumente são incluídos representantes de populações locais sujeitas a algum tipo de risco de perda ou envolvidas em conflitos territoriais. Nesses casos, os mapas tornam-se recursos valiosos para mobilizar comunidades e fomentar debates locais sobre questões polêmicas.

Já o mapeamento livre ou colaborativo aproveita-se dos recursos tecnológicos, sobretudo da informática e da comunicação, e possibilita aos usuários inserir e compartilhar informações diversas sobre bases cartográficas digitais. Tal forma de mapeamento contribui para a popularização e mesmo para a vulgarização da produção e do uso de mapas pelas pessoas. Convém destacar que a iniciativa de mapeamento colaborativo não partiu de geógrafos ou cartógrafos, mas de programadores estimulados em oferecer informações significativas por meio dos mapas digitais.

Por fim, analisamos afinidades possíveis entre a geografia e outras formas de representação que, de algum modo, relacionam-se com o espaço, como as mídias (cinema, música e literatura), a arquitetura e o urbanismo e as religiões. Tais afinidades possibilitam grande variedade de abordagens geográficas e o enriquecimento das já existentes ao incorporarem outras formas de representações de paisagens, lugares e territórios, por exemplo.

Atividades de autoavaliação

1. Sobre o conceito de representação, assinale V para as afirmativas verdadeiras e F para as falsas:

   ( ) Chama-se semiótica a ciência responsável pelos estudos dos signos, considerados, em muitos casos, sinônimos de representação.

   ( ) De acordo com a teoria de Bakhtin, os mapas seriam enunciados formados por signos capazes de transmitir mensagens em um diálogo.

   ( ) Com base no conceito de representações sociais, Henry Lefebvre propôs uma divisão didática do espaço geográfico, formada pela prática social e por representações do espaço.

   ( ) O conceito de representação nas ciências sociais passou do individual para o coletivo e foi trabalhado por autores como Pierre Bourdieu, Henry Lefebvre e Serge Moscovici.

   ( ) Nas ciências sociais, as interações entre as pessoas e os grupos sociais não são importantes, pois é preciso valorizar apenas os aspectos individuais.

2. Sabemos que a representação do espaço é uma das principais preocupações da geografia na condição de ciência. Sobre isso, analise os itens a seguir e assinale a alternativa correta:

   I. Mapas, mapas mentais e cartografia social são algumas das formas de representação do espaço utilizadas pela geografia.

II. Os mapas, mentais ou sociais, por serem formas de linguagem, são capazes de transmitir mensagens, valores e ideologias.

III. Tanto os mapas tradicionais quanto os mapas mentais e a cartografia social têm os mesmos propósitos, usos e finalidades.

a) Somente o item III está correto.

b) Somente os itens I e III estão corretos.

c) Todos os itens estão corretos.

d) Somente os itens I e II estão corretos.

3. Os mapas mentais passaram a se desenvolver, sobretudo a partir da década de 1970, com uma proposta diferenciada em relação aos mapas tradicionais. Sobre os mapas mentais, analise as afirmativas a seguir e assinale a correta:

a) Os mapas mentais são representações do espaço sujeitas aos rigores cartográficos tradicionais e por isso precisam ter escalas e projeções.

b) No processo de mapeamento mental, o papel de mapeador é necessariamente ocupado por geógrafos ou cartógrafos.

c) Os mapas mentais podem ser definidos como representações do mundo real vistas pelo "olhar" particular de uma pessoa ou de um grupo social.

d) Por envolverem a subjetividade das pessoas, não é possível ler e interpretar os mapas mentais.

4. Sobre a cartografia colaborativa, assinale a alternativa correta:

a) Os mapas colaborativos são cópias virtuais dos mapas tradicionais, razão pela qual ambos têm as mesmas propostas e funções.

b) Cartografia social e cartografia colaborativa são termos sinônimos e, portanto, referem-se à mesma forma de mapeamento.

c) Os mapas colaborativos são formas adaptadas dos mapas mentais e servem para o mesmo propósito.

d) Os mapas colaborativos são comuns na internet e permitem ao usuário, entre outras coisas, inserir e compartilhar conteúdo.

5. A geografia relaciona-se com outras formas de representação do espaço. Tal relação pode favorecer e enriquecer a abordagem geográfica de lugares, paisagens, entre outros. Sobre essa relação, analise os itens a seguir e assinale a alternativa que contém a resposta correta:

I. Ao contrário do cinema e da literatura, a música não representa, de modo algum, elementos do espaço geográfico.

II. É possível a realização de estudos geográficos que abordem a relação entre personagens do cinema e de obras literárias com espaços geográficos específicos.

III. Cada religião representa o mundo de modo bastante específico, o que inviabiliza seu estudo pela geografia.

a) Apenas o item II está correto.

b) Apenas o item III está correto.

c) Apenas os itens II e III estão corretos.

d) Todos os itens estão corretos.

Atividades de aprendizagem

Questões para reflexão

1. O texto a seguir foi retirado do *blog* do documentário *Todo mapa tem um discurso*. Leia-o e, com o auxílio de um mapa virtual,

como o Google Maps, Google Earth ou Bing Maps, visualize algumas favelas brasileiras, como Paraisópolis e Heliópolis, na cidade de São Paulo, ou Rocinha e Maré, na cidade do Rio de Janeiro. Em seguida, pense a respeito do termo "vazios cartográficos" e responda às seguintes questões: quais são os interesses e fatores envolvidos nos mapeamentos das cidades? Por que alguns espaços urbanos ainda podem ser chamados de *vazios cartográficos* em meio aos avanços tecnológicos atuais?

Apesar das tentativas de mapeamento colaborativo ou dos esforços de algumas instituições não governamentais, ainda existem áreas da cidade que são representadas como "vazios cartográficos". "Existe uma população que é invisível, porque nem num documento que deveria reconhecer toda a cidade, os moradores da favela fazem parte disso. A importância para a gente é... primeiro tem esse lado político, né?" esclarece Eliana Sousa, presidente da Redes de Desenvolvimento da Maré. As favelas do Rio de Janeiro não são representadas nem nos mapas oficiais do Instituto Pereira Passos, nem nos mapas digitais do Google. Eram apenas nomeados e sinalizados como "favelas", mas suas ruas e vielas não eram demarcadas. Porém, recentemente, à pedido da Prefeitura do Rio de Janeiro, possivelmente pela proximidade da Copa e dos Jogos Olímpicos, a palavra "favela" foi substituída por "morro" nos mapas do Google, o que sugere que tais regiões não são habitadas. Estamos falando de favelas como a Rocinha, Santa Marta, Maré, entre outras, que já são, inclusive, registradas como bairros. (Todo mapa tem um discurso, 2015)

2. Leia o trecho a seguir, retirado do livro *A paisagem urbana moderna*, de Edward Relph (1987).

> Há um século não existiam arranha-céus de escritórios, subúrbios dependentes do automóvel, ruas banhadas à noite pelo brilho das luzes elétricas, aeroportos, parques de estacionamento, vias rápidas ou centros comerciais; não havia torres de transmissão por micro-ondas, ou enormes centros de convenções em concreto, ou cadeias internacionais de restaurantes de *fast food*. Estes, e a maioria dos outros traços comuns das cidades modernas, ainda tinham de ser inventados e construídos. Lentamente, de início, depois desenvolvendo-se rapidamente na segunda metade do século XX, conjuntamente criaram uma paisagem urbana que tem pouca semelhança com as suas antecessoras industriais, renascentistas ou medievais, embora tenha frequentemente sido construída sobre o traçado das ruas e loteamentos. Para quem vive numa cidade, esta nova paisagem é onipresente e mesmo para os que vivem em engraçadas cidades antigas e aldeolas remotas, é uma realidade inevitável e englobante. (Relph, 1987, p. 11)

Agora, observe a Figura 5.7, do *skyline* do distrito de Pudong, em Shangai, na China, e relacione-a ao trecho do livro de Relph.

Figura 5.7 – *Skyline* do distrito de Pudong, China

Por fim, pesquise outras imagens e o histórico de paisagens de grandes centros urbanos brasileiros ou mundiais que passaram por significativas transformações ao longo do tempo, como a Avenida Paulista, na cidade de São Paulo, o próprio distrito de Pudong, em Xangai, ou o The City, o distrito financeiro de Londres. Depois, reflita sobre os impactos da arquitetura e do urbanismo sobre a paisagem da cidade escolhida e anote suas conclusões em forma de texto ou tópicos.

Atividade aplicada: prática

Sobre os mapas mentais, leia o trecho a seguir:

"Os mapas mentais como construções sígnicas requerem uma interpretação/decodificação [...], lembrando que estas construções sígnicas estão inseridas em contextos sociais, espaciais e históricos coletivos referenciando particularidades e singularidades" (Kozel, 2007, p. 115).

Agora, siga as três etapas da sequência:

I. Converse com colegas, amigos ou familiares e peça que representem, por meio de signos ("desenhos"), em uma folha, como eles imaginam a cidade onde moram, elaborando mapas mentais.

II. Utilize a metodologia para leitura e análise de mapas mentais apresentada na Seção 5.3 e procure compreender as mensagens transmitidas pelos mapas.

III. Sintetize e escreva os resultados obtidos com base na leitura e na análise dos mapas, buscando evidenciar particularidades e singularidades, bem como elementos em comum encontrados nos mapas elaborados.

Indicações culturais

A biblioteca virtual da Universidade de Nova Iorque disponibiliza gratuitamente para consulta e *download* mais de 20 mil mapas de várias localidades do mundo e de épocas diferentes. Acesse o *site* (em inglês):

A NEW YORK PUBLIC LIBRARY. NYPL Map Warper. Disponível em: <http://maps.nypl.org/warper/maps>. Acesso em: 24 ago. 2015.

O pagador de promessas é uma peça teatral de Dias Gomes, encenada pela primeira vez em 1960 e que se tornou filme (1962) e minissérie (1988). O filme retrata cenas do interior e da capital da Bahia, seguindo a história do personagem Zé do Burro e retratando o sincretismo religioso existente no Brasil. Na história, Zé do Burro enfrenta a intransigência da igreja para pagar uma promessa feita em um terreiro de candomblé pela vida de seu melhor amigo, o burro Nicolau.

O PAGADOR de promessas. Direção: Anselmo Duarte. Brasil: Cinedistri, 1962. 98 min.

Todo mapa tem um discurso é um documentário dirigido por Francine Albernaz e Thaís Inácio, lançado em 2014 (Brasil). Trata do processo de "invisibilização" de regiões marginalizadas da cidade do Rio de Janeiro (principalmente as favelas) nas cartografias oficiais, mesmo diante de tentativas de mapeamento colaborativo ou do esforço de algumas ONGs.

TODO mapa tem um discurso. Direção: Francine Albernaz e Thaís Inácio. Brasil: Rede Jovem; WikiMapa, 2014. 62 min.

Urbanized é documentário dirigido por Gary Hustwit e lançado em 2011 (EUA). Aborda temas como a história e o *design* das cidades contados por arquitetos, planejadores, políticos e pensadores das cidades mais famosas do mundo.

URBANIZED. Direção: Gary Hustwit. EUA; Inglaterra, Swiss Dots, 2011. 58 min.

Considerações finais

Finalizamos este livro de modo a não esgotar as discussões acerca das ideias de território, cultura e representação, mas buscando sustentar e ampliar os estudos sobre esses temas no contexto da geografia.

A preocupação com a cultura e o território está presente na geografia desde sua origem como ciência moderna e, atualmente, essa questão está ainda mais em evidência. As mudanças sociais e econômicas provocadas pelo desenvolvimento do capitalismo nas últimas décadas, sobretudo nos países subdesenvolvidos e em desenvolvimento, oferecem vastos campos de estudos para todos aqueles que se interessam por abordar a cultura e o território em uma perspectiva geográfica.

Acontecimentos marcantes na escala nacional, como o impasse relacionado à construção de usinas hidrelétricas na Amazônia e a decorrente situação dos povos indígenas da região, a crescente onda de migração de pessoas da América Central e da África para diferentes regiões brasileiras, assim como acontecimentos em escala internacional e global, como as ondas de migrantes ilegais em direção a alguns países europeus, o aparente choque cultural entre o Ocidente e o Oriente e a rápida popularização de produtos culturais de massa são exemplos diretamente relacionados às questões culturais e territoriais.

Ainda, as diferentes formas de representação estão inteiramente relacionadas ao modo como conhecemos e entendemos o mundo em que vivemos. Instituições, religiões, sociedades e a própria ciência utilizam-se de formas próprias e específicas de representação para comunicar suas concepções de mundo. Nesse sentido, a geografia não é diferente. Além de ter suas próprias formas de representar, sobretudo o espaço, essa ciência se relaciona com diversas outras, o que possibilita abordagens geográficas diversificadas, multi e interdisciplinares.

Por fim, neste livro, buscamos oferecer uma base sólida para pensar os temas aqui abordados, os quais preocupam e intrigam cada vez mais pessoas em todo o mundo. Conhecermos e compreendermos esses temas, bem como a resolução dos problemas relacionados a eles, pode ser fundamental para tornarmos o mundo um lugar melhor para viver. Nesse sentido, acreditamos que os estudos feitos pela geografia podem contribuir de modo efetivo.

Glossário

Androcentrismo: concepção de mundo centrada na perspectiva masculina.

Antropológico: relativo à ciência que estuda o ser humano e a humanidade em todas as suas dimensões (antropologia). Envolve desde a origem até as crenças e os costumes humanos.

Antropomorfização: qualidade de dar a elementos da natureza ações, qualidades e atitudes características dos seres humanos.

Bárbaros: termo originado na Antiguidade entre gregos e romanos e posteriormente usado por outros povos para determinar o que ou quem pertence a outras civilizações e fala outras línguas; estrangeiros, cruéis e grosseiros.

Behaviouralismo: diferentemente do behaviorismo, uma escola de psicologia que explica o comportamento humano por meio da relação estímulo/resposta, o behaviouralismo é um movimento das ciências sociais que busca explicar as relações entre seres humanos e ambiente e explicitar a complexidade do comportamento humano.

Contracultura: movimentos que rejeitam e questionam valores e práticas da cultura dominante da qual fazem parte.

Cosmo: harmonia universal, universo ordenado em leis e regularidades, organizado de maneira regular integrada.

Cosmogonia: concepção cultural, religiosa e teórica de um grupo ou de uma etnia sobre a criação e a evolução do universo e seus mistérios por meio de lendas, história e ciência (Sarde Neto, 2013).

Cosmopolitismo/cosmopolita: relativo ao mundo todo. Uma pessoa cosmopolita considera-se cidadã de todo o mundo, e não apenas de seu país de origem.

Determinismo ambiental: princípio filosófico no qual tudo está submetido às forças e às leis do ambiente físico. Assim, de acordo com o determinismo ambiental, o comportamento humano é predeterminado pela natureza.

Dialogismo: conceito criado pelo linguista russo Mikhail Bakhtin (1895-1975) que corresponde ao mecanismo de interação e comunicação por meio do diálogo, isto é, a recepção e a percepção de enunciados linguísticos por participantes de uma conversação.

Ecúmeno: corresponde ao espaço geográfico permanentemente habitado pelos seres humanos.

Estruturalista: referente ao estruturalismo, corrente sociológica que se propõe a analisar as relações sociais considerando estruturas relacionais abstratas. Um de seus principais nomes é Claude Lévi-Strauss (1908-2009).

Etnólogo: relativo à etnologia, ciência que considera em seus estudos a etnografia, ou seja, a descrição das diversas etnias, de suas características antropológicas, sociais, entre outras. O propósito da etnologia é uma análise comparativa das culturas.

Eurocentrismo: influência política, econômica, social, cultural etc. exercida pela Europa sobre outras áreas geopolíticas.

Existencialista: referente ao existencialismo, corrente filosófica desenvolvida com base nos pensamentos de Soren Kierkegaard (1813-1855) no século XIX e que teve grande repercussão no pós-Segunda Guerra com os trabalhos de Martin Heidegger (1889-1976) e Jean-Paul Sartre (1905-1980). O existencialismo coloca no ser humano e em seu livre-arbítrio a responsabilidade sobre o destino individual.

Fenomenologia: método filosófico que propõe a descrição da experiência vivida da consciência humana em detrimento de princípios, teorias ou valores preestabelecidos. O fundador desse método foi o alemão Edmund Husserl (1859-1938), na virada do século XIX para o XX. Influenciou pesquisadores como seu conterrâneo Martin Heidegger e os franceses Jean-Paul Sartre e Maurice Merleau-Ponty (1908-1961).

Geodésia: ramo da geociência e da engenharia que se preocupa em estudar as dimensões e a forma da Terra, seu campo gravitacional, seus sistemas de coordenadas e seu posicionamento geográfico.

Guias: colares constituídos de miçangas com as cores que representam simbolicamente os orixás.

Hermenêutica: método filosófico interpretativo que busca a compreensão de determinados textos religiosos ou filosóficos. Também chamada de *filosofia prática*, a hermenêutica foi desenvolvida principalmente pelo alemão Hans-Georg Gadamer (1900-2002).

Historicismo: doutrina filosófica que propõe a história como o princípio explicativo de conduta, de valores e de outros elementos das culturas humanas. Procura determinar de modo abrangente e sintético as grandes etapas que marcam o desenvolvimento ou o progresso humano. Destacaram-se nessa doutrina Georg Wilhelm Friedrich Hegel (1770-1831) e Karl Marx (1818-1883).

Humanista: relativo ao humanismo, movimento intelectual desenvolvido durante o Renascimento e inspirado na civilização greco-romana que colocou o ser humano como o centro do universo (antropocentrismo). Contribuiu para o desenvolvimento do existencialismo no século XIX e do método fenomenológico entre os séculos XIX e XX.

Idealismo: corrente filosófica na qual a subjetividade humana ocupa o centro das atenções. Opõe-se, assim, ao materialismo. Entre os filósofos idealistas, destaca-se Georg Wilhelm Friedrich Hegel.

Imagem mental: imagem produzida pela mente com base em experiências e na imaginação. É uma representação simbólica pessoal e estruturada de objetos ou acontecimentos. Ideia utilizada, sobretudo, pela psicologia genética de Jean Piaget (1896-1980).

Interacionismo simbólico: abordagem da sociologia que destaca a influência dos significados particulares trazidos e obtidos pelas pessoas na interação social. Nela se destacam Herbert Blumer (1900-1987), Charles Cooley (1864-1929) e Erving Goffman (1922-1982). Este último, apesar de não se considerar um interacionista simbólico, foi um de seus maiores contribuintes teóricos.

Instituições: cada um dos costumes ou estruturas sociais estabelecidos por lei ou por hábito que vigoram em determinado Estado ou para certo povo.

Marxismo: concepções econômicas elaboradas no século XIX por Karl Marx e Friedrich Engels (1820-1895), baseadas na economia política inglesa, no idealismo alemão e no pensamento socialista inglês e francês. Influenciou profundamente a filosofia e as ciências humanas modernas e serviu de doutrina ideológica para os países socialistas.

Naturalista: relativo ao naturalismo, doutrina intelectual radical baseada na observação da realidade e no empirismo (experiência). O naturalismo buscou em condicionamentos biológicos a origem das manifestações culturais da humanidade.

Neocolonialismo: predomínio econômico e político de um país desenvolvido sobre outro, menos desenvolvido. Termo adotado após a Segunda Guerra Mundial, quando houve a intensificação do processo de descolonização da África, mas utilizado atualmente também para marcar a dependência econômica de países da Ásia e da América Latina em relação aos países ricos.

Neokantiano: referente ao neokantismo (ou neocriticismo), corrente filosófica desenvolvida na década de 1920 que retomou os princípios de Immanuel Kant (1724-1804), de modo a se opor ao idealismo de Hegel e ao positivismo e a sua noção absoluta de ciência. Sua proposta era recuperar a filosofia como reflexão crítica para pensar a ciência e a razão. Entre os filósofos neokantianos destacaram-se Hermann Cohen (1842-1918) e Ernst Cassirer (1874-1945).

Neomarxista: relativo ao neomarxismo, conjunto de correntes filosóficas dos séculos XX e XXI que retomam os primeiros pensamentos de Karl Marx. Entre os filósofos neomarxistas destacou-se Herbert Marcuse (1898-1979).

Neopositivistas: relativo ao neopositivismo ou positivismo lógico, movimento filosófico iniciado entre as décadas de 1920 e 1930 por membros do Círculo de Viena com base nas ideias positivistas, ou seja, no pensamento empírico tradicional e na lógica moderna. Uma de suas propostas era demonstrar a falsidade da metafísica. Um dos principais nomes do neopositivismo foi Moritz Schlick (1882-1936).

Neurotiza: do verbo *neurotizar*; tornar neurótico.

Orixás: designação genérica das divindades cultuadas pelos iorubas do sudeste da atual Nigéria e também de Benin e do Norte do Togo, trazidas para o Brasil pelos africanos escravizados dessas áreas e incorporadas por outras manifestações religiosas do país. São sincretizados com santos do catolicismo, bem como considerados energias vindas de Deus para auxiliar os homens.

Paisagem sonora: define o conjunto de sons de determinado lugar.

Pavilhão nacional: bandeira e demais símbolos de uma nação.

Pós-estruturalista: relacionado ao movimento filosófico contemporâneo que nega ou transforma os princípios teóricos do estruturalismo: o pós-estruturalismo. Recusa os fundamentos tradicionais da filosofia, como verdade, objetividade e razão. Entre os pós-estruturalistas destacam-se Michel Foucault (1926-1984), Gilles Deleuze (1925-1995) e Jacques Derrida (1930-2004).

Processos mentais: são os processos que efetivam a mente humana. Desenvolvem-se logo após o nascimento e fazem que consigamos nos relacionar com as realidades física e social. Entre os principais processos cognitivos estão a percepção, a memória e a aprendizagem.

Prussiano: natural ou habitante da Prússia, antigo estado da Confederação da Alemanha do Norte (1866-1871) e reino do Império Alemão (1871-1918).

Renascimento: movimento intelectual que, no século XV, preconizou a recuperação de valores e de modelos da Antiguidade greco-romana, contrapondo-os à tradição medieval ou adaptando-os a ela. Inovou não apenas as artes plásticas, a arquitetura e as letras, mas também a organização política e econômica da sociedade.

Representações sígnicas: representações formadas por signos (ver *signo*).

Romantismo: grande movimento intelectual, político e artístico originado na Europa do século XVIII e que durou até meados do século XIX. Propôs uma ideia de mundo centrada no indivíduo e em suas subjetividades e, assim, contrária ao racionalismo e ao iluminismo.

Sagrado: muito estimado, o que não se deve tocar ou mexer.

Semiótica: ciência que estuda os diferentes sistemas de sinais de comunicação entre pessoas e grupos. Sinônimo de *semiologia*.

Signo: existem diversas definições para *signo*, mas, de um modo geral, pode-se entender como qualquer objeto, forma ou fenômeno que se remeta para algo diferente de si mesmo e que ocupe o lugar dele em uma série de situações e contextos.

Silogismo: forma de raciocínio dedutivo, de conexão de ideias, baseada em três proposições, duas premissas e uma conclusão.

Sistemas de Informações Geográficas (SIG): sistema computacional de análise desenvolvido a partir da década de 1960 que permite o uso de dados georreferenciados para finalidades específicas.

Skyline: refere-se ao horizonte artificial de uma cidade, formado pelas silhuetas das construções.

Sociologia: estudo científico da organização e do funcionamento das sociedades humanas e das leis fundamentais que regem as relações sociais, as instituições etc. Descrição sistemática e análise de determinados comportamentos sociais.

Taoismo: na cultura chinesa, doutrina mística e filosófica formulada no século VI a.C. por Lao Tsé (-531 a.C.) e desenvolvida a partir de então por inúmeros epígonos. Enfatiza a integração do ser humano à realidade cósmica primordial, o *tao*, por meio de uma existência natural, espontânea e serena.

Referências

ACSELRAD, H.; COLI, L. R. Disputas cartográficas e disputas territoriais. In: ACSELRAD, H. (Org.). Cartografias sociais e território. Rio de Janeiro: Universidade Federal do Rio de Janeiro; IPPUR – Instituto de Pesquisa e Planejamento Urbano e Regional, 2008. p. 13-44. (Coleção Território, Ambiente e Conflitos Sociais).

AMORIM FILHO, O. B. A evolução do pensamento geográfico e a fenomenologia. Sociedade e Natureza, Uberlândia, v. 11, n. 21/22, p. 67-87, jan./dez. 1999. Disponível em: <http://www.seer.ufu.br/index.php/sociedadenatureza/article/view/28472/pdf_110>. Acesso em: 2 jan. 2015.

ARGAN, G. C. História da arte como história da cidade. São Paulo: Martins Fontes, 2005.

BARTH, F. Grupos étnicos e suas fronteiras. In: POUTIGNAT, P.; STREIFF-FENART, J. Teorias da etnicidade: seguido de grupos étnicos e suas fronteiras de Fredrik Barth. Tradução de Elcio Fernandes. São Paulo: Ed. da Unesp, 1998. p. 185-228.

BAUMAN, Z. Identidade. Rio de Janeiro: Zahar, 2005.

BAUMAN, Z. Modernidade e holocausto. Rio de Janeiro: Zahar, 1998.

BERDOULAY, V.; ENTRIKIN, J. N. Lugar e sujeito: perspectivas teóricas. In: MARANDOLA JÚNIOR, E.; HOLZER, W.; OLIVEIRA, L. de (Org.). Qual o espaço do lugar? São Paulo: Perspectiva, 2012. p. 93-118.

BESSE, J.-M. Geografia e existência a partir da obra de Éric Dardel. In: DARDEL, E. O homem e a terra: natureza da realidade geográfica. São Paulo: Perspectiva, 2011. p. 111-140. (Coleção Estudos).

BOAS, F. Antropologia cultural. Rio de Janeiro: Zahar, 2004.

BOLSANELLO, M. A. Darwinismo social, eugenia e racismo

"científico": sua repercussão na sociedade e na educação brasileiras. Educar em Revista, Curitiba, n. 12, p. 153-165, 1996. Disponível em: <http://ojs.c3sl.ufpr.br/ojs/index.php/educar/article/view/36031/22220>. Acesso em: 19 out. 2015.

BONNEMAISON, J.; CAMBRÉZY, L. Le lien territorial: entre frontières et identités. In: BONNEMAISON, J.; CAMBRÉZY, L.; BOURGEOIS, L. (Ed.). Le territoire. Géographie et Cultures. Paris: L'Harmattan, 1996. n. 20, p. 7-18.

BROWN, P. Corpo e sociedade: o homem, a mulher e a renúncia sexual no início do cristianismo. Rio de Janeiro: J. Zahar, 1990.

BUTLER, J. Gender Trouble: Feminism and the Subversion of Identity. New York: Routledge, 1990.

CAPALBO, C. Espaço e religião: uma perspectiva filosófica. In: ROSENDAHL, Z.; CORRÊA, R. L. (Org.). Manifestações da cultura no espaço. Rio de Janeiro: EdUERJ, 1999. p. 219-229. (Coleção Geografia Cultural)

CAPEL, H. Filosofía y ciencia en la geografía contemporánea: una introducción a la geografía. Barcelona: Barcanova, 1981.

CAPEL, H.; URTEAGA, L. Las nuevas geografías. 3. ed. Madrid: Salvat Editores, 1984.

CARAMELLA, E. História da Arte: fundamentos semióticos: teoria e método em debate. São Paulo: Edusc, 1998.

CASTELLS, M. O poder da identidade. Tradução de Klauss Brandini Gerhardt. São Paulo: Paz e Terra, 1999. v. 2. (A era da informação: economia, sociedade e cultura).

CHAUI, M. de S. Espinosa: uma filosofia de liberdade. 2. ed. São Paulo: Moderna, 1995. (Coleção Logos).

CHRISTOFOLETTI, A. As características da nova geografia. In: CHRISTOFOLETTI, A. (Org.). Perspectivas da geografia. São Paulo: Difel, 1985. p. 71-101.

CLAVAL, P. A evolução recente da geografia cultural de

língua francesa. Tradução de Margareth de Castro Afeche Pimenta. Geosul, Florianópolis, v. 18, n. 35, p. 7-25, jan./jun. 2003. Disponível em: <https://periodicos.ufsc.br/index.php/geosul/article/viewFile/13599/12466>. Acesso em: 17 nov. 2014.

CLAVAL, P. A geografia cultural. Tradução de Luíz Fugazzola Pimenta e Margareth de Castro Afeche Pimenta. 4. ed. Florianópolis: Ed. da UFSC, 2014.

CLAVAL, P. A revolução pós-funcionalista e as concepções atuais da geografia. In: KOZEL, S.; MENDONÇA, F. (Org.). Elementos de epistemologia da geografia contemporânea. Curitiba: Ed. da UFPR, 2004. p. 11-43.

CLAVAL, P. As abordagens da geografia cultural. In: CASTRO, I. E. de; GOMES, P. C. da C.; CORRÊA, R. L. (Org.). Explorações geográficas. Rio de Janeiro: Bertrand Brasil, 1997. p. 89-117.

COHEN, R. Global Diasporas: an Introduction. 2. ed. New York: Routledge, 2008.

CORRÊA, R. L. Denis Cosgrove: a paisagem e as imagens. Espaço e Cultura, Rio de Janeiro, n. 29, p. 7-21, jan./jun. 2011. Disponível em: <www.e-publicacoes.uerj.br/index.php/espacoecultura/article/view/3528/2454>. Acesso em: 10 dez. 2014.

CORRÊA, R. L.; ROSENDAHL, Z. A geografia cultural no Brasil. Revista da Anpege, Rio de Janeiro, n. 2, p. 97-102, 2005. Disponível em: <http://www.anpege.org.br/downloads/revista2/geografia_brasileira.pdf>. Acesso em: 26 ago. 2015.

CORRÊA, R. L.; ROSENDAHL, Z. Introdução à geografia cultural. 2. ed. Rio de Janeiro: Bertrand Brasil, 2007.

COSTA, M. A. Estruturalismo. In: MARTELOTTA, M. E. et al. (Org.). Manual de linguística. São Paulo: Contexto, 2008. p. 113-126.

CRAMPTON, J. W.; KRYGIER, J. Uma introdução à cartografia crítica. In: ACSELRAD, H. (Org.). Cartografias sociais e território. Rio de Janeiro: Universidade Federal do Rio de Janeiro; IPPUR – Instituto de Pesquisa e Planejamento Urbano e Regional, 2008. p. 85-112. (Coleção Território, Ambiente e Conflitos Sociais).

CULTURA Brasileira. A carta do cacique Seattle, em 1855. Disponível em: <http://www.culturabrasil.pro.br/seattle_cartadoindio.htm>. Acesso em: 26 ago. 2015.

DANSEREAU, P. Introdução à biogeografia. Revista Brasileira de Geografia, Pernambuco, ano 11, n. 1, p. 3-93, jan./mar. 1949. Disponível em: <http://biblioteca.ibge.gov.br/visualizacao/periodicos/115/rbg_1949_v11_n1.pdf>. Acesso em: 26 ago. 2015.

DARDEL, E. O homem e a terra: natureza da realidade geográfica. Tradução de Werther Holzer.

São Paulo: Perspectiva, 2011. (Coleção Estudos).

GAMBARATO, R. R. Signo, significação, representação. Contemporânea, Rio de Janeiro, v. 3, n. 4, p. 204-214, 2005. Disponível em: <http://www.contemporanea.uerj.br/pdf/ed_04/contemporanea_n04_18_ReniraRam.pdf>. Acesso em: 22 dez. 2014.

GEERTZ, C. A interpretação das culturas. Rio de janeiro: Guanabara-Koogan, 1989.

GHUM – Grupo de Pesquisa Geografia Humanista Cultural. Matrizes da geografia humanista cultural. Disponível em: <https://geografiahumanista.wordpress.com/about/matrizes-da-geografia-humanista-cultural>. Acesso em: 5 out. 2015.

GIDDENS, A. Sociología. 2. reimpr. Madrid: Alianza Editorial, 2000.

GIL FILHO, S. F. Por uma geografia do sagrado. In: KOZEL, S.; MENDONÇA, F. (Org.). Elementos de epistemologia da geografia contemporânea. Curitiba: Ed. da UFPR, 2004. p. 253-266.

GOFFMAN, E. A representação do eu na vida cotidiana. 13. ed. Petrópolis: Vozes, 2013.

GOODEY, B.; GOLD, J. Geografia do comportamento e da percepção. Tradução de Oswaldo Bueno Amorim Filho e Stael de Alvarenga P. Costa. Belo Horizonte: Instituto de Geociências da UFMG, 1986. (Publicação especial, n. 3).

GRÖNING, G. A questionabilidade do conceito de paisagem. RA'E GA – O espaço geográfico em análise, Curitiba, Departamento de Geografia/ UFPR, n. 8, p. 9-18, 2004. Disponível em: <http://ojs.c3sl. ufpr.br/ojs/index.php/raega/ article/view/3379/2708>. Acesso em: 26 ago. 2015.

HAESBAERT, R. Concepções de território para entender a desterritorialização. In: SANTOS, M. et al. (Org.). Território, territórios: ensaios sobre o ordenamento territorial. Niterói: Lamparina, 2002. p. 17-38. v. 2.

HAESBAERT, R. O mito da desterritorialização: do "fim dos territórios" à multiterritorialidade. 6. ed. Rio de Janeiro: Bertrand Brasil, 2011.

HALL, S. A identidade cultural na pós-modernidade. Tradução de Tomaz Tadeu da Silva e Guacira Lopes Louro. 11. ed. Rio de Janeiro: DP&A, 2006.

HALL, S. Da diáspora: identidades e mediações culturais. Tradução de Adelaine La Guardia Resende et al. Belo Horizonte: Ed. da UFMG; Brasília: Unesco, 2003. (Coleção Humanitas).

HODGE, A. N. A história da arte: da pintura de Giotto aos dias de hoje. São Paulo: Cedic, 2009.

HOLZER, W. A geografia fenomenológica de Éric Dardel. In: DARDEL, É. O homem e a terra: natureza da realidade geográfica. Tradução de Werther Holzer. São Paulo: Perspectiva, 2011. p. 141-154. (Coleção Estudos).

HOLZER, W. A geografia humanista: sua trajetória de 1950 a 1990. 550 f. Dissertação (Mestrado em Geografia) – Instituto de Geociências, Universidade Federal do Rio de Janeiro, Rio de Janeiro, 1992.

HOLZER, W. A geografia humanista: uma revisão. Espaço e Cultura, Rio de Janeiro, Edição Comemorativa, p. 137-147, 1993-2008. Disponível em: <http://www.e-publicacoes.uerj.br/index.php/espacoecultura/article/view/6142/4414>. Acesso em: 26 ago. 2015.

HOLZER, W. Nossos clássicos: Carl Sauer (1889-1975). GEOgraphia, Rio de Janeiro, ano 2, n. 4, p. 135-136, 2000. Disponível em: <http://www.uff.br/geographia/ojs/index.php/geographia/article/view/46/44>. Acesso em: 17 nov. 2014.

HOUAISS, A.; VILLAR, M. de S.; FRANCO, F. M. de M. Dicionário Houaiss da língua portuguesa.Rio de Janeiro: Instituto Antônio Houaiss; Objetiva, 2001. p. 1565.

HOUAISS, A.; VILLAR, M. de S.; FRANCO, F. M. de M. Dicionário Houaiss da língua portuguesa. versão 3.0. Rio de Janeiro: Instituto Antônio Houaiss; Objetiva, 2009. 1 CD-ROM.

HUMBOLDT, A. V. Cosmos: ensayo de una descripción física del mundo. Madrid: CSIC, 2011.

IBGE – Instituto Brasileiro de Geografia e Estatística. Atlas Geográfico Escolar. 2015. Disponível em: <http://atlasescolar.ibge.gov.br>. Acesso em: 13 out. 2015.

IESCHECK, A. L. Os árabes e a cartografia. Instituto da Cultura Árabe, 2010. Entrevista. Disponível em : <http://www.icarabe.org/entrevistas/os-arabes-e-a-cartografia>. Acesso em: 13 out. 2015.

IR AMIM. Urban planning. Disponível em: <http://www.ir-amim.org.il/en/issue/urban-planning>. Acesso: 19 out. 2015.

JOHNSTON, R. J. Geografia e geógrafos. São Paulo: Difel, 1986.

KOTLER, U. Paisagem: uma definição ambígua. C. J. Arquitetura: Revista de Arquitetura, planejamento e construção, Rio de Janeiro, FC Editora, n. 12, ano 3, 1976.

KOZEL, S. T. As representações no geográfico. In: KOZEL, S.; MENDONÇA, F. (Org.). Elementos de epistemologia da geografia contemporânea. Curitiba: Ed. da UFPR, 2004. p. 215-234.

KOZEL, S. T. Mapas mentais: uma forma de linguagem – Perspectivas metodológicas. In: KOZEL, S. T.; SILVA, J. da C.; GIL FILHO, S. F. (Org.). Da percepção e cognição à representação: reconstruções teóricas da geografia cultural e humanista. São Paulo: Terceira Imagem, 2007. p. 114-138.

LA BLACHE, P. V. de. As características próprias da Geografia. In: CHRISTOFOLETTI, A. (Org.). Perspectivas da geografia. São Paulo: Difel, 1982. p. 37-47.

LEFEBVRE, H. La presencia y la ausencia: contribución a la teoría de las representaciones. Traducción de Óscar Barahona y Uxoa Doyhamboure. México: Fondo de Cultura Económica, 1983.

LEFEBVRE, H. La production de l'espace social. Paris: Éditions Anthropos, 1974.

LÉVY, J. Uma virada cartográfica? In: ACSELRAD, H. (Org.). Cartografias sociais e território. Rio de Janeiro: Universidade Federal do Rio de Janeiro; IPPUR – Instituto de Pesquisa e Planejamento Urbano e Regional, 2008. p. 153-167. (Coleção Território, Ambiente e Conflitos Sociais).

LITTLE, P. E. Gestão territorial em terras indígenas: definição de conceitos e propostas de diretrizes. Relatório Final. Brasília: UnB, 15 dez. 2006. (Série Antropologia, n. 322).

LITTLE, P. E. Territórios sociais e povos tradicionais no Brasil: por uma antropologia da territorialidade. Brasília: UnB, 2002. (Série Antropologia, n. 322).

LYNCH, K. A imagem da cidade. Lisboa: Edições 70, 1960.

MALANSKI, L. M. Geografia escolar e paisagem sonora. RA'E GA – O espaço geográfico em análise, Curitiba, Departamento de Geografia/UFPR, v. 22, p. 252-273, 2011. Disponível em: <http://ojs.c3sl.ufpr.br/ojs/index.php/raega/article/viewFile/21775/14175>. Acesso em: 16 jan. 2015.

MALANSKI, L. M. Geografia humanista: percepção e representação espacial. Revista Geográfica de América Central, Heredia, n. 52, p. 29-50, enero/junio 2014. Disponível em: <http://www.revistas.una.ac.cr/index.php/geografica/article/view/6285>. Acesso em: 15 jan. 2015.

MALINOWSKI, B. Antropologia. São Paulo: Ática, 1986. (Coleção Grandes Cientistas Sociais).

MALINOWSKI, B. Los argonautas del pacífico occidental. Barcelona: Península, 1973.

MARANDOLA JÚNIOR, E. J. Heidegger e o pensamento fenomenológico em geografia: sobre os modos geográficos de existência. Geografia, Rio Claro, v. 37, n. 1, p. 81-94, jan./abr. 2012. Disponível em: <https://fenomenologiaegeografia.files.wordpress.com/2012/11/marandola-jr-heidegger-e-o-pensamento-fenomenolc3b3gico-em-geografia-2012.pdf>. Acesso em: 26 ago. 2015.

MARX, K. O capital: crítica da economia política. Rio de Janeiro: Civilização Brasileira, 2006. v. 6, livro 3.

MATHEWSON, K.; SEEMANN, J. A geografia histórico-cultural da Escola de Berkeley: um precursor ao surgimento da história ambiental. Varia História, Belo Horizonte, v. 24, n. 39, p. 71-85, jan./jun. 2008. Disponível em: <http://www.scielo.br/pdf/vh/v24n39/a04v24n39.pdf>. Acesso em: 17 nov. 2014.

MAXIMIANO, L. A. Considerações sobre o conceito de paisagem. RA'E GA – O espaço geográfico em análise, Curitiba, Departamento de Geografia/ UFPR, n. 8, p. 83-91, 2004. Disponível em: <http://ojs.c3sl. ufpr.br/ojs/index.php/raega/ article/view/3391/2719>. Acesso em: 26 ago. 2015.

MAYER, L. Paisagem sonora 2.mp3. Freesound, 2010. Disponível em: <https://www.freesound. org/people/Law%20Mayer/ sounds/88299>. Acesso em: 26 ago. 2015.

MEAD, M. Sexo e temperamento. 4. ed. São Paulo: Perspectiva, 2000. (Debates Antropologia).

MELLO, J. B. F. de. O triunfo do lugar sobre o espaço. In: MARANDOLA JÚNIOR, E.; HOLZER, W.; OLIVEIRA, L. de (Org.). Qual o espaço do lugar? São Paulo: Perspectiva, 2012. p. 33-68.

MELO, Z. M. de. Estigmas: espaço para a exclusão social. Revista SymposiuM, Pernambuco, Unicap, ano 4, n. especial, p. 18-22, dez. 2000. Disponível em: <http://www.maxwell.vrac. puc-rio.br/2457/2457.PDF>. Acesso em: 26 ago. 2015.

MERLEAU-PONTY, M. Fenomenologia da percepção. 2. ed. São Paulo: Martins Fontes, 1999.

MORAES, A. C. R. Geografia: pequena história crítica. 21. ed. São Paulo: Annablume, 2007.

MORAES, A. C. R. Ideologias geográficas. São Paulo: Hucitec, 2002.

MOREIRA, R. Nossos clássicos: Max Sorre. GEOgraphia, Rio de Janeiro, v. 5, n. 10, p. 135-136, 2003. Disponível em: <http:// www.uff.br/geographia/ojs/ index.php/geographia/article/ view/132/129>. Acesso em: 17 nov. 2014.

MUSEU VIRTUAL DE BRASÍLIA. Plano piloto. Disponível em: <http://www. museuvirtualbrasilia.org.br/PT/ plano_piloto.html>. Acesso em: 7 jan. 2015.

NAME, L. Geografia pop: o cinema e o outro. Rio de Janeiro: Apicuri; Ed. PUC-Rio, 2013.

NEER – Núcleo de Estudos em Espaço e Representações. Memória. Disponível em: <http://www.neer.com.br/ home/?page_id=19>. Acesso em: 5 out. 2015.

NUERE, S. ¿Qué es la cartografía mental? Arte, Individuo y Sociedad, Madrid, n. 12, p. 229-239, 2000. Disponível em: <http://revistas.ucm.es/index.php/ARIS/article/view/ARIS0000110229A>. Acesso em: 2 jan. 2015.

OLIVEIRA JÚNIOR, W. M. Lugares geográficos e(m) locais narrativos: um modo de se aproximar das geografias de cinema. In: MARANDOLA JÚNIOR, E.; HOLZER, W.; OLIVEIRA, L. de (Org.). Qual o espaço do lugar? São Paulo: Perspectiva, 2012. p. 119-154.

OLIVEIRA, L. de. Ainda sobre percepção, cognição e representação em Geografia. In: KOZEL, S.; MENDONÇA, F. (Org.). Elementos de epistemologia da geografia contemporânea. Curitiba: Ed. da UFPR, 2004. p. 189-196.

PEREIRA, D. O espaço das ciências humanas. Biblio 3w: Revista Bibliográfica de Geografia y Ciencias Sociales, Barcelona, n. 153, 27 abr. 1999. Disponível em: <http://www.ub.edu/geocrit/b3w-153.htm>. Acesso em: 2 jan. 2015

PINSKY, J. A escravidão no Brasil. 21. ed. São Paulo: Contexto, 2012.

PIXABAY. Arquitetura/Edifícios. Disponível em: <https://pixabay.com/pt/photos/?cat=buildings>. Acesso em: 26 ago. 2015.

PNCSA – Projeto Nova Cartografia Social da Amazônia. Apresentação do Projeto Nova Cartografia Social em português do Brasil. 2014a. Disponível em: <http://novacartografiasocial.com/apresentacao/>. Acesso em: 2 jan. 2015a

PNCSA – Projeto Nova Cartografia Social da Amazônia. Mapas. 2014b. Disponível em: <http://novacartografiasocial.com/mapas>. Acesso em: 26 ago. 2015.

PROENÇA, G. História da arte. São Paulo: Ática, 2007.

QUIJANO, A. Colonialidade do poder, eurocentrismo e América Latina. In: LANDER, E. (Org.). A colonialidade do saber: eurocentrismo e ciências sociais – Perspectivas latino-americanas. Buenos Aires, Argentina: Clacso, 2005. p. 117-142. Disponível em: <http://biblioteca.clacso.edu.ar/clacso/sur-sur/20100624103322/12_Quijano.pdf>. Acesso em: 19 de out. 2015.

RELPH, E. **A paisagem urbana moderna**. Lisboa: Edições 70, 1987.

RELPH, E. Reflexões sobre a emergência, aspectos e essência de lugar. In: MARANDOLA JÚNIOR, E.; HOLZER, W.; OLIVEIRA, L. de (Org.). **Qual o espaço do lugar?** São Paulo: Perspectiva, 2014. p. 17-32.

ROSENDAHL, Z. A dimensão do lugar sagrado: ratificando o domínio da emoção e do sentimento do ser-no-mundo. **Geo-Working Papers**, Guimarães, Universidade do Minho, 2008a, Série Investigação 2008/2014, n. 14. p. 5-16. Disponível em: <http://www.lasics.uminho.pt/ojs/index.php/geoworkingp/article/view/444/416>. Acesso em: 15 out. 2015.

ROSENDAHL, Z. **Espaço e religião**: uma abordagem geográfica. Rio de Janeiro: EdUERJ, 2008b.

ROSENDAHL, Z. Os caminhos da construção teórica: ratificando e exemplificando as relações entre espaço e religião. In: ROSENDAHL, Z.; CORRÊA; R. L. (Org.). **Manifestações** da cultura no espaço. Rio de Janeiro: EdUERJ, 1999. p. 47-78.

ROSENDAHL, Z. Território e territorialidade: uma perspectiva geográfica para o estudo da religião. In: ENCONTRO DE GEÓGRAFOS DA AMÉRICA LATINA, 10., 2005.**Anais**... São Paulo: USP, 2005. p. 12928-12942. Disponível em: <http://www.observatoriogeograficoamericalatina.org.mx/egal10/Geografiasocioeconomica/Geografiacultural/38.pdf>. Acesso em: 15 out. 2015.

SACK, R. D. **Human Territoriality**: its Theory and History. Cambridge: Cambridge University Press, 1986.

SANTOS, A. P. dos. Introdução à geografia das religiões. **Geousp**: Espaço e Tempo, São Paulo, n. 11, p. 21-33, 2002. Disponível em: <http://www.geografia.fflch.usp.br/publicacoes/Geousp/Geousp11/Geousp11_Santos.HTM>. Acesso em: 7 jan. 2015.

SANTOS, J. L. dos. **O que é cultura**. 12. reimpr. 16. ed. São Paulo:

Brasiliense, 2006. (Coleção Primeiros Passos, 110).

SANTOS, M. da G. M. P. Os santuários como lugares de construção do sagrado e de memória hierofânica: esboço de uma tipologia. In: ROSENDAHL, Z.; CORRÊA, R. L. (Org.). Espaço e cultura: pluralidade temática. Rio de Janeiro: EdUERJ, 2008. p. 79-104. (Coleção Geografia Cultural).

SANTOS, M. O papel ativo da geografia: um manifesto. Revista Território, Rio de Janeiro, ano 5, n. 9, p. 103-109, jul./dez. 2000. Disponível em: <http://www.revistaterritorio.com.br/pdf/09_7_santos.pdf>. Acesso em: 26 ago. 2015.

SANTOS, M.; SILVEIRA, M. L. O Brasil: território e sociedade no início do século XXI. Rio de Janeiro: Record, 2008.

SAQUET, M. A. Abordagens e concepções de território. São Paulo: Outras Expressões, 2007. (Geografia em Movimento).

SARDE NETO, E. Cosmografia karitiana: território, educação e identidade étnica em Rondônia. 133 f. Dissertação (Mestrado em Geografia) – Universidade Federal de Rondônia, Porto Velho, 2013.

SAUER, C. O. A educação de um geógrafo. GEOgraphia, Rio de Janeiro, ano 2, n. 4, p. 137-150, 2000. Disponível em: <http://www.uff.br/geographia/ojs/index.php/geographia/article/view/47/45>. Acesso em: 17 nov. 2014.

SCHAFER, R. M. A afinação do mundo: uma exploração pioneira pela história passada e pelo atual estado do mais negligenciado aspecto do nosso ambiente – a paisagem sonora. Tradução de Marisa Trench Fonterrada. São Paulo: Ed. da Unesp, 2001.

SEEMANN, J. Cartografia e cultura: abordagens para a geografia cultural. In: ROSENDHAL, Z.; CORREA, R. L. (Org.). Temas e caminhos da geografia cultural. Rio de Janeiro: EdUERJ, 2010. v. 1. p. 115-156.

SEEMANN, J. Mapas e percepção ambiental: do mental ao material vice-versa. OLAM: Ciência e Tecnologia, Rio Claro, v. 3, n. 1, p. 200-223, 2003. Disponível em: <https://www.academia.edu/187819/Mapas_e_percep%C3%A7%C3%A3o_ambiental_do_mental_ao_material_e_vice-versa>. Acesso em: 15 jan. 2015.

SÊGA, R. A. O conceito de representação social nas obras de Denise Jodelet e Serge Moscovici. Anos 90, Porto Alegre, n. 13, p. 128-133, jul. 2000. Disponível em: <http://www.ufrgs.br/ppghist/anos90/13/13art8.pdf>. Acesso em: 29 dez. 2014.

SILVA, A. de A. Territorialidades e identidade dos coletivos Kawahib da terra indígena Uru-Eu-Wau-Wau em Rondônia: "Orevaki Are" (reencontro) dos "marcadores territoriais". 301 f. Tese (Doutorado em Geografia) – Universidade Federal do Paraná, Curitiba, 2010.

SILVA, J. M. Análise do espaço sob a perspectiva do gênero: um desafio para a geografia cultural brasileira. In: ROSENDAHL, Z.; CORRÊA, R. L. (Org.). Geografia: temas sobre cultura e espaço. Rio de Janeiro: EdUERJ, 2005. p. 173-189.

SILVA, J. M. Fazendo geografias: pluriversalidades sobre gênero e sexualidade. SILVA, J. M. (Org.). Geografias subversivas: discursos sobre espaço, gênero e sexualidade. Ponta Grossa: Todapalavra, 2009. v. 1. p. 25-54.

SILVA, J. O. A produção de discursos políticos na visão de Pierre Bourdieu. Tempo da Ciência, Toledo, v. 12, n. 23, p. 187-200, 2005. Disponível em: <http://e-revista.unioeste.br/index.php/tempodaciencia/article/viewArticle/441>. Acesso em: 7 jan. 2015.

SIMIELLI, M. E. R. Cartografia no ensino fundamental e médio. In: CARLOS, A. F. A. (Org.). A geografia na sala de aula. São Paulo: Contexto, 1999. p. 92-108.

SONA GAVIÃO, I. K. Terra indígena Igarapé Lourdes do povo Gavião. Atlas Geográfico Indígena. Material didático produzido para Educação Escolar Indígena Específica e Diferenciada no curso de Formação de Professores Indígenas – Projeto Açaí. Secretaria de Educação do Estado de Rondônia – Seduc/RO, 2003.

SOUZA, K. P. Crianças selvagens: a expressão das emoções após situação de extrema privação de convívio social. 97 f. Dissertação (Mestrado em Psicologia) – Universidade Federal de Pernambuco, Recife, 2008. Disponível em: <http://repositorio.ufpe.br:8080/xmlui/bitstream/handle/123456789/8215/arquivo3877_1.pdf?sequence=1&isAllowed=y>. Acesso em: 19 out. 2015.

SURUÍ, A. N.; SURUÍ, G.; SILVA, A. de A. Uma abordagem de gênero a partir do microcosmo indígena Paiter Suruí. In: SILVA, M. das G. S. N.; SILVA, J. M. (Org.).

Interseccionalidades, gênero e sexualidades na análise espacial. Ponta Grossa: Toda Palavra, 2014.

TODO MAPA TEM UM DISCURSO. Sobre. Disponível em: <https://todomapatemumdiscurso.wordpress.com/sobre>. Acesso em: 14 jan. 2015.

TUAN, Y.-F. Espaço e lugar: a perspectiva da experiência. Tradução de Lívia de Oliveira. São Paulo: Difel, 1983.

TUAN, Y.-F. Paisagens do medo. São Paulo: Ed. da Unesp, 2006.

TUAN, Y.-F. Topofilia: um estudo da percepção, atitudes, e valores do meio ambiente. Tradução de Lívia de Oliveira. Londrina: Eduel, 2012.

VERTOVEC, S. Three Meanings of "Diaspora", Exemplified Among South Asian Religions. Oxford: University of Oxford, 1999.

VESENTINI, J. W. Geografia, natureza e sociedade. São Paulo: Contexto, 1989. (Coleção Repensando a Geografia).

Bibliografia comentada

BARTH, F. Grupos étnicos e suas fronteiras. In. POUTIGNAT, P.;
STREIFF-FENARD, J. Teorias da etnicidade: seguido de grupos étnicos e suas fronteiras de Fredrik Barth. Tradução de Elcio Fernandes. São Paulo: Ed. da Unesp, 1998. p. 185-228.

Fredrik Barth (1928-) é um antropólogo norueguês e professor da Universidade de Boston, considerado um dos grandes nomes da antropologia social. Esse artigo é um clássico de referência fundamental para os estudos etnológicos. A obra aborda conceitos como etnicidade, raça, nação, entre outros.

CLAVAL, P. A geografia cultural. Tradução de Luíz Fugazzola Pimenta e Margareth de Castro Afeche Pimenta. 4. ed. Florianópolis: Ed. da UFSC, 2014.

Paul Claval (1932-) é um dos grandes geógrafos da atualidade. Professor da Universidade de Paris (Sorbonne), durante sua longa carreira, abordou diferentes aspectos da geografia, mas se dedicou, sobretudo, ao estudo da cultura. A obra *A geografia cultural*, que tem grande repercussão no Brasil, é fundamental para todos que se interessam pelo assunto.

DARDEL, E. O homem e a terra: natureza da realidade geográfica. Tradução de Werther Holzer. São Paulo: Perspectiva, 2011. (Coleção Estudos).

Esse pequeno livro é resultado de uma das mais autênticas aplicações da filosofia existencialista à geografia. Nele, Éric Dardel (1899-1967) expôs sua concepção de geografia sem parecer se importar com o contexto de sua publicação, nos anos de 1950. Sua leitura possibilita o conhecimento de uma concepção bastante interessante e ainda atual da geografia.

GEERTZ, C. A interpretação das culturas. Rio de janeiro: Guanabara-Koogan, 1989.

Clifford Geertz (1926-2006) foi um influente antropólogo norte-americano do campo da prática simbólica no fato antropológico. Na obra *A interpretação das culturas*, dedicou-se a realizar uma análise antropológica das dimensões culturais, da política, da religião e dos costumes sociais. Utilizou vários exemplos que vão desde a análise do sistema de parentesco europeu até a etnografia das brigas de galo balinesas.

LYNCH, K. A imagem da cidade. Lisboa: Edições 70, 1960.

Kevin Lynch (1918-1984) foi o arquiteto e urbanista canadense autor da famosa e influente obra *A imagem da cidade*. Nela se destacam a maneira como as pessoas percebem a cidade e suas partes e os conceitos de legibilidade e imaginabilidade.

MORAES, A. C. R. Geografia: pequena história crítica. 21. ed. São Paulo: Annablume, 2007.

Antonio Carlos Robert Moraes (1954-) foi professor de Geografia da Universidade de São Paulo (USP) e dedicou sua carreira aos estudos de geografia política, metodologia e história da geografia. Esse sucinto livro aborda de forma direta e contextualizada tópicos fundamentais para a compreensão do pensamento geográfico.

NAME, L. **Geografia pop**: o cinema e o outro. Rio de Janeiro: Apicuri; Ed. PUC-Rio, 2013.

Leonardo Name é professor do Departamento de Geografia e Meio Ambiente da Pontifícia Universidade Católica de Rio de Janeiro (PUC-Rio). Preocupa-se em analisar, entre outras coisas, as representações do espaço urbano e da natureza em obras audiovisuais. Essa é uma interessante obra que aborda a relação entre geografia e cinema e a representação nas obras cinematográficas de realidades, paisagens e personagens.

Respostas

Capítulo 1

Atividades de autoavaliação

4. c

5. a

6. b

7. c

8. d

Capítulo 2

Atividades de autoavaliação

1. c

2. d

3. c

4. a

5. b

Capítulo 3

Atividades de autoavaliação

1. b

2. d

3. b

4. a

5. c

Capítulo 4

Atividades de autoavaliação
1. b
2. c
3. c
4. e
5. a

Capítulo 5

Atividades de autoavaliação
1. V, V, F, V, F
2. d
3. c
4. d
5. a

Sobre os autores

Emílio Sarde Neto

É graduado em História (2002) e mestre em Geografia (2013) pela Universidade Federal de Rondônia (Unir) e doutorando em Geografia pela Universidade Federal do Paraná (UFPR). É pesquisador do Laboratório Território, Cultura e Representações (Latecre), associado ao Núcleo de Estudos em Espaço e Representações (Neer), do Departamento de Geografia da UFPR, no qual desenvolve pesquisas sobre educação, representação, território e territorialidades dos povos amazônicos. Atua como professor e tem experiência na educação escolar em áreas indígenas.

Lawrence Mayer Malanski

É licenciado (2008), bacharel (2009) e mestre (2013) em Geografia pela Universidade Federal do Paraná (UFPR) e doutorando em Geografia pela mesma universidade. É pesquisador do Laboratório Território, Cultura e Representações (Latecre), associado ao Núcleo de Estudos em Espaço e Representações (Neer), do Departamento de Geografia da UFPR, no qual desenvolve pesquisas sobre percepção e representação espacial, paisagem, paisagem sonora, lugar e cultura. Tem experiência como professor de ensino fundamental, médio e educação de jovens e adultos e também como mediador para divulgação científica em museus de ciência e tecnologia. Atua como professor de Geografia no Instituto Federal do Paraná (IFPR), campus Londrina.

Anexo

Exemplo de mapa mental coletivo

Nota: Elaborado sobre a percepção do espaço de um colégio público da cidade de Curitiba. Participaram do processo alunos, professores e demais funcionários da instituição. Note em destaque, no centro, a representação de uma bomba, da onomatopeia "BUM!!!" e da inscrição "QUE TAL COMEÇAR DE NOVO! (TUDO!!!)", que faz referência a uma solução radical para os problemas representados no mapa.

Os papéis utilizados neste livro, certificados por instituições ambientais competentes, são recicláveis, provenientes de fontes renováveis e, portanto, um meio **responsável** e natural de informação e conhecimento.

Impressão: Reproset
Maio/2023